LEBEN UND LIEBE

BENEDIKT XVI.

ÜBER EHE UND FAMILIE

LEBEN UND LIEBE

BENEDIKT XVI.

ÜBER EHE UND FAMILIE

SANKT
ULRICH
VERLAG
GmbH

Bibliographische Information der Deutschen Bibliothek

Die Deutsche Bibliothek verzeichnet diese Publikation in der
Deutschen Nationalbibliographie; detaillierte bibliographische Daten
sind im Internet über http://dnb.ddb.de abrufbar.

© 2008 by Sankt Ulrich Verlag GmbH, Augsburg
Alle Rechte vorbehalten
Umschlaggestaltung: uv media werbeagentur
Mediengruppe Sankt Ulrich Verlag, Augsburg
Umschlagbild: KNA-Bild
Druck und Bindung: Himmer AG, Augsburg
Printed in Germany
ISBN: 978-3-86744-051-6
www.sankt-ulrich-verlag.de

INHALT

DER MENSCH IN DER FAMILIE

Ein endgültiges Ja zur Freiheit

Ehe und Familie sind in Wirklichkeit keine soziologische Zufallskonstruktion, sie sind nicht das Ergebnis besonderer historischer und wirtschaftlicher Situationen. Im Gegenteil, die Frage der richtigen Beziehung zwischen Mann und Frau hat ihre Wurzeln im tiefsten Wesen des Menschseins und kann ihre Antwort nur von daher finden. Das heißt, sie kann nicht getrennt werden von der alten und immer neuen Frage des Menschen über sich selbst: Wer bin ich? Was ist der Mensch? Und diese Frage kann ihrerseits nicht von der Gottesfrage getrennt werden: Existiert Gott? Und wer ist Gott? Wie ist sein wahres Gesicht? Die Antwort der Bibel auf diese beiden Fragen ist einheitlich und folgerichtig: Der Mensch ist nach dem Bild Gottes geschaffen, und Gott selbst ist Liebe. Daher ist die Berufung zur Liebe das, was den Menschen zum echten Ebenbild Gottes macht: Er wird in dem Maße Gott ähnlich, in dem er ein Liebender wird.

Aus dieser fundamentalen Verbundenheit zwischen Gott und dem Menschen folgt eine weitere: die unauflösliche Verbindung zwischen Geist und Körper: Der Mensch ist nämlich Seele, die im Körper Ausdruck findet, und Körper, der von einem unsterblichen Geist belebt wird. Auch der Körper des Mannes und der Frau hat also sozusagen einen theologischen Charakter; er ist nicht bloß Körper, und was am Menschen biologisch ist, ist nicht nur biologisch, sondern ist Ausdruck und Erfüllung unseres Menschseins. Ebenso ist die menschliche Sexualität nicht etwas, das neben unserem Personsein steht, sondern zu ihm gehört. Erst wenn sich die Sexualität in die Person integriert hat, vermag sie sich selbst einen Sinn zu geben.

So entsteht aus den zwei Verbindungen – des Menschen mit Gott und, im Menschen, des Körpers mit dem Geist – eine dritte: die Verbindung zwischen Person und Institution. Die Ganzheit des Menschen schließt nämlich die Dimension der Zeit ein, und das „Ja" des Menschen ist ein Hinausgehen über den gegenwärtigen Augenblick: Das „Ja" bedeutet in seiner Ganzheit „immer",

es bildet den Raum der Treue. Nur innerhalb dieses Raumes kann jener Glaube wachsen, der eine Zukunft bietet und zuläßt, daß die Kinder, Frucht der Liebe, an den Menschen glauben und an dessen Zukunft in schwierigen Zeiten. Die Freiheit des „Ja" erweist sich somit als Freiheit, die imstande ist, das Endgültige anzunehmen: Der erhabenste Ausdruck der Freiheit ist also nicht die Suche nach der Lust, ohne je zu einer echten Entscheidung zu gelangen. Diese ständige Offenheit scheint die Verwirklichung der Freiheit zu sein, aber dies ist nicht wahr: Der wahre Ausdruck der Freiheit ist vielmehr die Fähigkeit, sich für eine endgültige Hingabe zu entscheiden, in der sich die Freiheit dadurch, daß sie sich hingibt, selbst ganz wiederfindet.

Konkret erschließt das persönliche und gegenseitige „Ja" von Mann und Frau den Raum für die Zukunft, für das wahre Menschsein eines jeden von ihnen und ist zugleich für das Geschenk eines neuen Lebens bestimmt. Daher muß dieses persönliche „Ja" auch ein öffentlich verantwortetes „Ja" sein, mit dem die Ehegatten die öffentliche Verantwortung für ihre Treue übernehmen, die auch die Zukunft der Gemeinschaft sichert. Keiner von uns gehört nämlich ausschließlich sich selbst; jeder ist deshalb aufgerufen, in seinem Innersten die eigene öffentliche Verantwortung zu übernehmen. Die

Ehe als Institution ist also keine widerrechtliche Einmischung der Gesellschaft oder der Obrigkeit, die Auferlegung einer Lebensform von außen im privatesten Bereich des Lebens; sie ist vielmehr der wesenseigene Anspruch des Vertrags der ehelichen Liebe und der Tiefe der menschlichen Person.

Die verschiedenen heute festzustellenden Auflösungstendenzen bezüglich der Ehe, wie uneheliche Lebensgemeinschaften und die „Ehe auf Probe", bis hin zur Pseudo-Ehe zwischen Personen des gleichen Geschlechts sind hingegen Ausdruck einer anarchischen Freiheit, die sich zu Unrecht als wahre Befreiung des Menschen ausgibt. Eine solche Pseudofreiheit beruht auf einer Banalisierung des Körpers, die unvermeidlich die Banalisierung des Menschen einschließt. Sie unterstellt, daß der Mensch mit sich machen könne, was er wolle: Sein Körper wird so zu einer zweitrangigen Sache, vom menschlichen Standpunkt aus betrachtet etwas Manipulierbares, von der er nach Belieben Gebrauch macht. Der Libertinismus, der sich als Entdeckung des Körpers und seines Wertes ausgibt, ist in Wirklichkeit ein Dualismus, der den Körper dadurch, daß er ihn sozusagen außerhalb des wirklichen Seins und der Würde der Person ansiedelt, verächtlich macht.

Die Offenbarung als Liebesgeschichte

Die Wahrheit von Ehe und Familie, die in der Wahrheit vom Menschen verwurzelt ist, hat ihre Verwirklichung in der Heilsgeschichte gefunden, in deren Mittelpunkt das Wort steht: „Gott liebt sein Volk". Die biblische Offenbarung ist zuallererst Ausdruck einer Liebesgeschichte, der Geschichte vom Bund Gottes mit den Menschen: Deshalb konnte die Geschichte der Liebe und Verbindung eines Mannes und einer Frau im Bund der Ehe von Gott als Symbol der Heilsgeschichte angenommen werden. Die unaussprechliche Tatsache, das Geheimnis der Liebe Gottes zu den Menschen, erhält seine sprachliche Gestalt aus dem Vokabular von Ehe und Familie – positiv wie negativ: Die Annäherung Gottes an sein Volk wird in der Tat in der Sprache der ehelichen Liebe dargelegt, während die Treulosigkeit und der Götzendienst Israels als Ehebruch und Prostitution bezeichnet werden.

Im Neuen Testament geht Gott in seiner Liebe so weit, daß er selbst in seinem Sohn Fleisch von unserem Fleisch, wahrer Mensch wird. Auf diese Weise hat die Verbindung Gottes mit dem Menschen ihre höchste, unumkehrbare und endgültige Form angenommen.

Und so wird auch für die menschliche Liebe ihre endgültige Form festgelegt, jenes gegenseitige „Ja", das unwiderruflich ist: Sie entfremdet den Menschen nicht, sondern befreit ihn von den Entfremdungen der Geschichte, um ihn zur Wahrheit der Schöpfung zurückzubringen. Der sakramentale Charakter, den die Ehe in Christus annimmt, bedeutet also, daß das Geschenk der Schöpfung zur Gnade der Erlösung erhoben worden ist. Die Gnade Christi ist keine äußerliche Hinzufügung zur Natur des Menschen, sie tut ihr keine Gewalt an, sondern befreit sie und stellt sie gerade dadurch wieder her, daß sie sie über ihre eigenen Grenzen erhebt. Wie die Menschwerdung des Gottessohnes ihre wahre Bedeutung am Kreuz offenbar werden läßt, so ist die echte menschliche Liebe Selbsthingabe und kann nicht bestehen, wenn sie sich dem Kreuz entziehen will.

(…) dieses tiefe Band zwischen Gott und dem Menschen, zwischen der Liebe Gottes und der menschlichen Liebe, findet auch in manchen negativen Tendenzen und Entwicklungen Bestätigung, deren Last wir alle spüren. Die Herabsetzung der menschlichen Liebe, die Unterdrückung der wahren Liebesfähigkeit erweist sich in unserer Zeit nämlich als die geeignetste und wirksamste Waffe, um Gott aus dem Bewußtsein des Menschen zu streichen, um Gott aus dem Blick und Herzen des Menschen zu entfernen. In ähnlicher Weise führt der Wille, die Natur von Gott zu „befreien", dazu, die Wirklichkeit der Natur, einschließlich der Natur des Menschen, aus den Augen zu verlieren; diese wird auf eine Gesamtheit von Funktionen verkürzt, über die man nach Belieben verfügen kann, um eine scheinbar bessere Welt und eine angeblich glücklichere Menschheit aufzubauen; statt dessen wird der Heilsplan des Schöpfers zerstört und damit die Wahrheit über unsere Natur.

Kinder – aus Liebe

Auch in der Zeugung der Kinder spiegelt die Ehe ihr göttliches Vorbild, Gottes Liebe zum Menschen, wider. Bei Mann und Frau lassen sich Vaterschaft und Mutterschaft, ebenso wie der Körper und die Liebe, nicht auf das Biologische eingrenzen: Das Leben wird nur dann ganz weitergegeben, wenn mit der Geburt auch die Liebe und der Sinn weitergegeben werden, die es ermöglichen, zu diesem Leben Ja zu sagen. Von daher wird ganz klar, wie sehr es der menschlichen Liebe, der tiefen Berufung von Mann und Frau

widerspricht, ihre Verbindung systematisch gegen das Geschenk des Lebens zu verschließen und noch mehr, das werdende Leben zu beseitigen oder zu verletzen.

Kein Mann und keine Frau können jedoch allein und nur aus eigenen Kräften den Kindern auf angemessene Weise die Liebe und den Sinn des Lebens schenken. Denn um zu jemandem sagen zu können: „Dein Leben ist gut, auch wenn ich deine Zukunft nicht kenne", braucht es eine höhere Autorität und Glaubwürdigkeit, als sie das Individuum sich selbst geben kann. Der Christ weiß, daß diese Autorität jener umfassenden Familie übertragen ist, die Gott durch seinen Sohn Jesus Christus und die Gabe des Heiligen Geistes in der Geschichte der Menschen geschaffen hat, nämlich der Kirche. Er erkennt, daß hier jene ewige und unzerstörbare Liebe am Werk ist, die dem Leben eines jeden von uns einen beständigen Sinn sicherstellt, auch wenn wir die Zukunft nicht kennen. Aus diesem Grund erfolgt die Gründung jeder einzelnen christlichen Familie im Rahmen der größeren Familie der Kirche, die sie unterstützt, mitträgt und gewährleistet, daß Sinn herrscht und daß auch in Zukunft über ihr das „Ja" des Schöpfers ruht. Und umgekehrt wird die Kirche von den Familien aufgebaut, „kleinen Hauskirchen", wie sie das Zweite Vatikanische Konzil genannt hat

(vgl. Lumen gentium, 11; Apostolicam actuositatem, 11), das damit einen alten Ausdruck der Kirchenväter aufgriff (vgl. hl. Johannes Chrysostomos, In Genesim serm., VI, 2; VII, 1). Im selben Sinn heißt es in *Familiaris consortio:* „Die christliche Ehe … ist der natürliche Ort, wo sich die Eingliederung der menschlichen Person in die große Familie der Kirche vollzieht" (Nr. 15).

Die Familie und die Kirche

Aus alldem ergibt sich eine klare Konsequenz: Die Familie und die Kirche, konkret die Pfarreien und die anderen Formen kirchlicher Gemeinschaft, sind zur engsten Mitarbeit an jener grundlegenden Aufgabe aufgerufen, die in der Bildung der Person und, untrennbar davon, in der Weitergabe des Glaubens besteht. Wir wissen sehr wohl, daß für eine glaubwürdige Erziehungsarbeit die Vermittlung einer richtigen Theorie oder einer Lehre nicht genügt. Es braucht etwas viel Größeres und Menschlicheres, nämlich jene täglich gelebte Nähe, die der Liebe eigen ist und ihren Platz zuallererst in der familiären Gemeinschaft findet, aber dann auch in einer Pfarrei oder kirchlichen Bewegung oder Vereinigung, wo sich Menschen treffen, die sich um die Brüder und Schwestern, besonders um Kinder und Jugendliche, aber auch um Erwachsene, Alte, Kranke und eben auch um Familien kümmern, weil sie ihnen in Christus zugetan sind. Der große Schutzpatron der Erzieher, der hl. Johannes Bosco, erinnerte seine geistlichen Söhne daran, daß „die Erziehung Sache des Herzens ist und Gott allein ihr Herr ist" (Epistolario, 4, 209).

Die zentrale Stellung in der Erziehungsarbeit und besonders in der Glaubenserziehung, die der Höhepunkt der Bildung der Person und ihr angemessenster Horizont ist, hat konkret die Gestalt des Zeugen: Er wird zum eigentlichen Bezugspunkt, da er Rechenschaft gibt über die Hoffnung, die sein Leben trägt (vgl. 1 Petr 3,15), und da er von der Wahrheit, die er vorlegt, persönlich betroffen ist. Andererseits verweist der Zeuge niemals auf sich selbst, sondern auf etwas, oder besser, auf jemanden, der größer ist als er, dem er begegnet ist und dessen zuverlässige Güte er erfahren hat. So findet jeder Erzieher und Zeuge sein unübertreffliches Vorbild in Jesus Christus, dem großen Zeugen des Vaters, der nichts von sich aus sagte, sondern so sprach, wie es ihn der Vater gelehrt hatte (vgl. Joh 8,28).

Aus diesem Grund muß die Bildung des christlichen Menschen und die Weitergabe des Glaubens unbedingt auf der Grundlage des Gebetes, der persönlichen Freundschaft mit Christus und – in ihm – der Betrachtung des Antlitzes des Vaters erfolgen. Und dasselbe gilt natürlich für unseren gesamten missionarischen Einsatz, besonders für die Familienpastoral: Die Familie von Nazareth möge daher für unsere Familien und für unsere Gemeinden neben einem Lebensvorbild auch der Inhalt unseres ständigen und vertrauensvollen Gebetes sein.

(…)

Ein besonders tückisches Hindernis für die Erziehungsarbeit stellt heute in unserer Gesellschaft und Kultur das massive Auftreten jenes Relativismus dar, der nichts als definitiv anerkennt und als letzten Maßstab nur das eigene Ich mit seinen Gelüsten gelten läßt und unter dem Anschein der Freiheit für jeden zu einem Gefängnis wird, weil er den einen vom anderen trennt und jeden dazu erniedrigt, sich ins eigene „Ich" zu verschließen. Innerhalb eines solchen relativistischen Horizonts ist daher wahre Erziehung gar nicht möglich: Denn ohne das Licht der Wahrheit sieht sich früher oder später jeder Mensch dazu verurteilt, an der Qualität seines eigenen Lebens und der Beziehungen, aus denen es sich

zusammensetzt, ebenso zu zweifeln wie an der Wirksamkeit seines Einsatzes dafür, gemeinsam mit anderen etwas aufzubauen.

Es ist daher klar, daß wir nicht nur versuchen müssen, den Relativismus in unserer Bildungsarbeit zu überwinden, sondern auch aufgerufen sind, seiner zerstörerischen Vorherrschaft in Gesellschaft und Kultur entgegenzutreten. Deshalb ist neben dem Wort der Kirche das Zeugnis und das Engagement der christlichen Familien in der Öffentlichkeit sehr wichtig. Sie müssen besonders immer wieder und nachdrücklich für die Unantastbarkeit des menschlichen Lebens von der Empfängnis bis zu seinem natürlichen Ende, für den einzigartigen und unersetzlichen Wert der auf der Ehe beruhenden Familie und für die Notwendigkeit gesetzlicher und administrativer Maßnahmen zur Unterstützung der Familien bei ihrer Aufgabe der Zeugung und Erziehung der Kinder eintreten, eine Aufgabe, die für unsere gemeinsame Zukunft wesentlich ist.

Die Berufung der Kinder

Eine letzte Botschaft, die ich euch anvertrauen möchte, betrifft die Sorge um Berufungen zum Priestertum und zum geweihten Leben: Wir wissen alle, wie sehr die Kirche sie nötig hat! Damit diese Berufungen entstehen und zur Reife gelangen, damit sich die berufenen Personen ihrer Berufung würdig erweisen, ist zuerst das Gebet entscheidend, das in keiner christlichen Familie und Gemeinde fehlen darf. Aber grundlegend ist auch das Lebenszeugnis der Priester, der Ordensmänner und Ordensfrauen, die Freude, die sie darüber zum Ausdruck bringen, daß sie vom Herrn berufen worden sind. Und ebenso wesentlich ist das Beispiel, das die Kinder in der eigenen Familie erhalten, und die Überzeugung der Familien selbst, daß die Berufung der eigenen Kinder auch für sie ein großes Geschenk des Herrn ist. Die Entscheidung für die Ehelosigkeit aus Liebe zu Gott und den Brüdern, die für den Priesterberuf und das geweihte Leben gefordert wird, und die Wertschätzung der christlichen Ehe gehören in der Tat zusammen: Beide machen, in zwei unterschiedlichen und sich ergänzenden Lebensformen, das Geheimnis des Bundes zwischen Gott und seinem Volk gewissermaßen sichtbar.

Gebet für Familien

O Gott, der du uns in der Heiligen Familie ein vollkommenes Modell des Familienlebens geschenkt hast, das im Glauben und im Gehorsam deinem Willen gegenüber gelebt wurde.

Hilf uns, Vorbild des Glaubens und der Liebe zu deinen Geboten zu sein. Hilf uns bei unserem Auftrag, den Glauben an unsere Kinder weiterzugeben.

Öffne ihre Herzen, damit in ihnen der Same des Glaubens wachse, den sie in der Taufe empfangen haben. Stärke den Glauben unserer Jugendlichen, damit sie in der Kenntnis Jesu wachsen.

Stärke die Liebe und die Treue in allen Ehen, besonders in jenen, die Momente des Leidens und Schwierigkeiten durchmachen.
(…)
Vereint mit Josef und Maria, bitten wir dich durch Jesus Christus, deinen Sohn, unsern Herrn.

Amen.

DIE EINHEIT VON MANN UND FRAU

Gott schuf sie als Mann und Frau

Seit der zweiten Hälfte des 20. Jahrhunderts bis heute hat die Bewegung für die Aufwertung der Frau in den verschiedenen Bereichen des sozialen Lebens unzählige Überlegungen und Debatten ausgelöst und die Vervielfachung so vieler Initiativen erlebt, die die katholische Kirche mit aufmerksamem Interesse verfolgt und oft auch begleitet hat. Das Verhältnis von Mann und Frau in ihrer jeweiligen Besonderheit und Komplementarität stellt ganz sicher einen zentralen Punkt der „anthropologischen Frage" dar, die in der heutigen Kultur und letzten Endes für jede Kultur so vorrangig ist. Zahlreiche päpstliche Beiträge und Dokumente haben die aufkommende Realität der Frauenfrage aufgegriffen. Ich beschränke mich darauf, Dokumente meines geliebten Vorgängers Johannes Paul II. zu erwähnen, der im Juni 1995 einen *Brief an die Frauen* geschrieben hat und der am 15. August 1988, also vor fast genau zwanzig Jahren, das Apostolische Schreiben *Mulieris dignitatem* veröffent-

lichte. Dieser in theologischer, spiritueller und kultureller Hinsicht sehr reiche Text über die Berufung und Würde der Frau hat seinerseits das Schreiben der Kongregation für die Glaubenslehre *An die Bischöfe der katholischen Kirche über die Zusammenarbeit von Mann und Frau in der Kirche und in der Welt* inspiriert.

In *Mulieris dignitatem* wollte Johannes Paul II. die anthropologischen Grundwahrheiten über Mann und Frau, ihre Gleichheit in der Würde und die Einheit der zwei, die radikale und tiefe Verschiedenheit zwischen dem Männlichen und dem Weiblichen und ihre Berufung zu Gegenseitigkeit und Komplementarität, zu Zusammenarbeit und Gemeinschaft vertiefen (vgl. Nr. 6). Diese Einheit in der Zweiheit von Mann und Frau beruht auf dem Fundament der Würde jedes Menschen, erschaffen nach dem Bild und Gleichnis Gottes, der „sie als Mann und Frau schuf" (Gen 1,27) und dadurch eine unterschiedslose Einförmigkeit und flache, nivellierende Gleichheit ebenso wie einen abgrundtiefen und konfliktbeladenen Unterschied vermieden hat (vgl. Johannes Paul II., Brief an die Frauen, 8). Diese Einheit der zwei bringt die in die Körper und

Seelen eingeschriebene Beziehung zum anderen, die Liebe zum anderen, die zwischenmenschliche Gemeinschaft mit sich, die darauf hinweist, daß „zur Erschaffung des Menschen auch eine gewisse Ähnlichkeit mit der göttlichen Gemeinschaft gehört" (Mulieris dignitatem, 7). Wenn also der Mann oder die Frau autonom und völlig unabhängig zu sein behaupten, laufen sie Gefahr, in einer Selbstverwirklichung gefangen zu bleiben, die die Überwindung jeder natürlichen, sozialen oder religiösen Bindung als Errungenschaft der Freiheit betrachtet, in Wirklichkeit aber die Freiheit auf eine beklemmende Einsamkeit einschränkt. Um der wirklichen Förderung der Frau und des Mannes den Weg zu ebnen und sie zu unterstützen, muß man dieser Wirklichkeit Rechnung tragen.

Sicher braucht man eine neue anthropologische Forschung, die auf der Grundlage der großen christlichen Tradition die neuen Fortschritte der Wissenschaft und das Faktum der heutigen kulturellen Sensibilitäten mit einbezieht und auf diese Weise zur tieferen Erkenntnis nicht nur der Identität der Frau, sondern auch der des Mannes beiträgt, die ebenfalls gar nicht selten Gegenstand einseitiger und ideologischer Überlegungen ist. Angesichts kultureller und politischer Strömungen, die versuchen, die in die menschliche Natur eingeschriebene Verschiedenheit der Geschlechter zu eliminieren oder zumindest zu trüben und zu verwischen und sie als kulturelles Konstrukt betrachten, ist es notwendig, an den Plan Gottes zu erinnern, der den Menschen als Mann und Frau erschaffen hat, als eine Einheit und zugleich mit einer ursprünglichen und komplementären Verschiedenheit. Die menschliche Natur und die kulturelle Dimension ergänzen sich in einem weitläufigen und komplexen Prozeß, der die Formung der eigenen Identität bewirkt, wo sich beide Dimensionen, die weibliche und die männliche, entsprechen und ergänzen.

Bei der Eröffnung der Arbeiten der V. Generalversammlung der Bischöfe Lateinamerikas und der Karibik im Mai [2007] in Brasilien habe ich daran erinnert, daß noch immer eine chauvinistische Gesinnung fortbesteht, die die neue Botschaft des Christentums ignoriert, das für die Frau die gleiche Würde und Verantwortung anerkennt und verkündet wie für den Mann. Es gibt Orte und Kulturen, wo die Frau aus dem einzigen Grund, weil sie Frau ist, diskriminiert oder unterschätzt wird, wo sogar religiöse Gründe vorgeschoben und familiärer, sozialer und kultureller Druck ausgeübt werden, um an der Ungleichheit der Geschlechter festzuhalten, wo Akte der Gewalt gegenüber der Frau verübt werden, indem man sie mißhandelt und zum Objekt der Ausbeutung in der Werbungs-, Konsum-

und Vergnügungsindustrie macht. Angesichts derart schwerwiegender und andauernder Vorkommnisse erscheint der Einsatz der Christen noch dringender, damit sie überall zu Förderern einer Kultur werden, die der Frau im Recht und in der Realität der Fakten die ihr zustehende Würde zuerkennt.

Gott vertraut der Frau und dem Mann entsprechend den ihnen eigenen Besonderheiten eine bestimmte Berufung und Sendung in der Kirche und in der Welt an. Ich denke hier an die Familie als für das Leben offene Liebesgemeinschaft und Grundzelle der Gesellschaft. In ihr entfalten die Frau und der Mann dank des Geschenks der Elternschaft gemeinsam eine unersetzliche Rolle gegenüber dem Leben. Die Kinder haben von ihrer Empfängnis an das Recht, auf den Vater und die Mutter zählen zu können, die sich um sie kümmern und sie in ihrem Heranwachsen begleiten sollen. Der Staat muß seinerseits durch entsprechende sozialpolitische Maßnahmen alles unterstützen, was den Bestand und die Einheit der Ehe, die Würde und Verantwortung der Ehegatten, ihr Recht und ihre unersetzliche Aufgabe als Erzieher der Kinder fördert. Zudem muß es auch der Frau ermöglicht werden, durch den Einsatz ihres typisch „fraulichen Geistes" am Aufbau der Gesellschaft mitzuwirken.

Frauen im Dienst am Evangelium

Viele Frauengestalten haben bei der Verbreitung des Evangeliums eine wirksame und wertvolle Rolle gespielt.] Ihr Zeugnis darf nicht vergessen werden, entsprechend dem, was Jesus selbst von der Frau gesagt hat, die ihm kurz vor seinem Leiden das Haupt salbte: „Amen, ich sage euch: Überall auf der Welt, wo dieses Evangelium verkündet wird, wird man sich an sie erinnern und erzählen, was sie getan hat" (Mt 26,13; Mk 14,9). Der Herr will, daß diese Zeugen des Evangeliums, diese Gestalten, die dazu beigetragen haben, daß der Glaube an ihn wachse, bekannt seien und die Erinnerung an sie in der Kirche lebendig bleibe. Historisch können wir bei der Betrachtung der Rolle der Frauen im Urchristentum zwei Phasen unterscheiden: die Zeit des irdischen Lebens Jesu und die Zeit während der Geschehnisse in der ersten Christengeneration.

Jesus wählte zwar, das wissen wir, unter seinen Jüngern zwölf Männer als Väter des neuen Israel aus, weil er sie „bei sich haben und [sie] dann aussenden wollte, damit sie predigten" (Mk 3,14–15). Das ist eine offenkundige Tatsache, aber außer den Zwölf, Säulen der Kirche, Väter des neuen Gottesvolkes, werden in die Schar der Jünger auch viele Frauen gewählt. Ich kann nur ganz kurz auf jene Frauen hinweisen, die auf dem Weg Jesu selbst anzutreffen sind, angefangen bei der Prophetin Anna (vgl. Lk 2,36–38) bis hin zur Samariterin (vgl. Joh 4,1–39), zu der Syro-Phönizierin (vgl. Mk 7,24–30), zu der Frau, die an Blutfluß litt (vgl. Mt 9,20–22), und zu der Sünderin, der vergeben wird (vgl. Lk 7,36–50). Ich gehe auch nicht näher auf die weiblichen Hauptfiguren einiger eindrucksvoller Gleichnisse ein, zum Beispiel auf die Frau, die Brot bäckt (vgl. Mt 13,33), auf die Frau, die die Drachme verliert (vgl. Lk 15,8–10), auf die Witwe, die den Richter immer wieder aufsuchte (vgl. Lk 18,1–8). Bedeutsamer für unser Thema sind jene Frauen, die im Rahmen der Sendung Jesu eine aktive Rolle gespielt haben. An erster Stelle denken wir dabei natürlich an die Jungfrau Maria, die durch ihren Glauben und durch ihr Muttersein in einzigartiger Weise an unserer Erlösung mitgewirkt hat, so daß Elisabeth sie sogar „Gesegnete unter den Frauen" (Lk 1,42) nennen konnte und hinzufügte: „Selig ist die, die geglaubt hat" (Lk 1,45). Maria ist zur Jüngerin des Sohnes geworden, sie zeigte in Kana ihr vollkommenes Vertrauen in ihn (vgl. Joh 2,5) und folgte ihm bis unter das Kreuz, wo sie von ihm einen Auftrag erhielt, nämlich Mutter zu sein für alle seine Jünger aller Zeiten, dort verkörpert von Johannes (vgl. Joh 19,25–27).

Dann gibt es verschiedene Frauen, die in unmittelbarer Umgebung der Gestalt Jesu verschiedene verantwortungsvolle Funktionen wahrnahmen. Ein beredtes Beispiel dafür sind die Frauen, die Jesus folgten, um ihn mit ihrem Besitz zu unterstützen, und von denen uns Lukas einige Namen überliefert: Maria Magdalena, Johanna, Susanna und „viele andere" (vgl. Lk 8,2–3). Dann informieren uns die Evangelien darüber, daß die Frauen, im Unterschied zu den Zwölf, Jesus in der Stunde seines Leidens nicht verlassen haben (vgl. Mt 27,56.61; Mk 15,40). Unter ihnen sticht besonders Magdalena hervor, die nicht nur bei seinem Leiden und Sterben zugegen war, sondern dann auch die erste Zeugin und Verkünderin des Auferstandenen war (vgl. Joh 20,1.11–18). Gerade dieser Maria von Magdala behält der hl. Thomas von Aquin die einzigartige Bezeichnung „Apostolin der Apostel" („apostola apostolorum") vor und widmet ihr diesen schönen Kommentar: „So wie eine Frau dem ersten Menschen Worte des Todes verkündet hatte, so verkündete als erste eine Frau den Aposteln Worte des Lebens" (Super Ioannem, ed. Cai, § 2519).

Auch im Bereich der Urkirche war die Präsenz der Frauen alles andere als zweitrangig. Wir halten uns nicht bei den nicht namentlich genannten vier Töchtern des „Diakons" Philippus auf, die in Cäsarea wohnten und die, wie der hl. Lukas sagt, alle „prophetisch begabt" waren, das heißt, die Fähigkeit besaßen, öffentlich unter der Einwirkung des Heiligen Geistes zu reden (vgl. Apg 21,9). Die Kürze der Angabe erlaubt keine genaueren Schlußfolgerungen. Vielmehr verdanken wir dem hl. Paulus eine umfassendere Dokumentation über die Würde und die Rolle der Frau in der Kirche. Er geht von dem grundsätzlichen Prinzip aus, nach welchem es für die Getauften nicht nur „nicht mehr Juden und Griechen, nicht Sklaven und Freie" gibt, sondern auch „nicht Mann und Frau". Der Grund dafür ist, daß „wir alle ‚einer' sind in Christus Jesus" (Gal 3,28), das heißt, wir sind alle eins in derselben grundlegenden Würde, wenngleich jeder mit seinen spezifischen Aufgaben (vgl. 1 Kor 12,27–30). Der Apostel nimmt es als etwas Normales an, daß in der christlichen Gemeinde die Frau „prophetisch reden" kann (1 Kor 11,5), daß sie sich also offen unter dem Einfluß des Geistes ausdrücken kann, wenn dies zur Erbauung der Gemeinde dient und auf würdevolle Weise geschieht. Daher muß die folgende, wohl bekannte Ermahnung, wonach „die Frauen in der Versammlung schweigen sollen" (1 Kor 14,34), wohl relativiert werden. Das daraus folgende, viel diskutierte Problem der Beziehung zwischen dem ersten Wort – die Frauen können in der Versammlung prophetisch reden – und dem anderen – sie sollen nicht reden –, das Problem der Beziehung zwischen

diesen beiden anscheinend widersprüchlichen Aussagen, überlassen wir den Exegeten. Es soll nicht hier diskutiert werden. [Die Gestalt der Priska oder Priszilla, die Frau des Aquila, wird an zwei Stellen überraschenderweise noch vor ihrem Mann erwähnt] (vgl. Apg 18,18; Röm 16,3): beide, sie und er, werden jedenfalls von Paulus als seine „synergoús", „Mitarbeiter", bezeichnet (Röm 16,3).

Noch einige weitere Besonderheiten dürfen nicht vernachlässigt werden. Es ist zum Beispiel notwendig festzuhalten, daß der kurze Brief an Philemon von Paulus in Wirklichkeit auch an eine Frau namens „Aphia" adressiert wurde (vgl. Phlm 2). Lateinische und syrische Übersetzungen des griechischen Textes fügen diesem Namen „Aphia" den Beinamen „soror carissima", liebste Schwester, hinzu (ebd.); und es muß gesagt werden, daß sie in der Gemeinde von Kolossä eine bedeutende Stellung eingenommen haben muß; auf jeden Fall ist sie die einzige Frau, die von Paulus unter den Adressaten eines seiner Briefe genannt wird. An anderer Stelle nennt der Apostel eine gewisse „Phöbe", die er als „diákonos" der Kirche von Kenchreä, der kleinen Hafenstadt östlich von Korinth, bezeichnet (vgl. Röm 16,1–2). Obwohl dieser Titel in jener Zeit noch keinen spezifischen Wert eines hierarchischen Amtstitels hatte, bringt er zum Ausdruck, daß von dieser Frau eine wahrhaft verantwortungsvolle Aufgabe für jene christliche Gemeinde ausgeübt wurde. Paulus empfiehlt, sie herzlich aufzunehmen und ihr „in jeder Sache beizustehen, in der sie euch braucht"; dann fügt er hinzu: „sie selbst hat vielen, darunter auch mir, geholfen". In demselben Briefkontext erwähnt der Apostel mit Zügen von Zärtlichkeit weitere Namen von Frauen: eine gewisse Maria, dann Tryphäna, Tryphosa und „die liebe" Persis und außerdem Julia, von denen er offen schreibt, daß sie „für euch" oder „für den Herrn viel Mühe auf sich genommen haben" (Röm 16,6.12a.12b.15); auf diese Weise hebt er ihr starkes kirchliches Engagement hervor. In der Kirche von Philippi mußten sich dann zwei Frauen namens „Evodia und Syntyche" auszeichnen (Phil 4,2): Der Aufruf, den Paulus zur gegenseitigen Eintracht macht, läßt erkennen, daß die beiden Frauen eine bedeutende Funktion in jener Gemeinde ausübten.

Um das Wesentliche festzuhalten: Die Geschichte des Christentums hätte eine ganz andere Entwicklung genommen, hätte es nicht den hochherzigen Beitrag vieler Frauen gegeben. Deshalb „sagt die Kirche", wie mein verehrter und lieber Vorgänger Johannes Paul II. in dem Apostolischen Schreiben *Mulieris dignitatem* schrieb, „Dank für alle Frauen und für jede einzelne … Die Kirche sagt Dank für alle Äußerungen des weiblichen ‚Geistes', die sich im Laufe der Geschichte bei allen Völkern und Nationen gezeigt haben; sie sagt Dank für alle Gnadengaben, mit denen der Heilige Geist die Frauen in der Geschichte des Gottesvolkes beschenkt, für alle Siege, die sie dem Glauben, der Hoffnung und der Liebe von Frauen verdankt: Sie sagt Dank für alle Früchte fraulicher Heiligkeit" (Nr. 31). Wie man sieht, gilt dieses Lob den Frauen im Verlauf der Geschichte der Kirche und wird im Namen der ganzen kirchlichen Gemeinschaft zum Ausdruck gebracht. Auch wir schließen uns dieser Wertschätzung an und danken dem Herrn dafür, daß er seine Kirche durch die Generationen hindurch leitet, wobei er sich unterschiedslos solcher Männer und Frauen bedient, die ihren Glauben und ihre Taufe für das Wohl des gesamten Leibes der Kirche fruchtbar zu machen wissen, zur größeren Ehre Gottes.

Die Berufung des Menschen zur Liebe in der Ehe

Der Gedanke, „lieben zu lehren", begleitete schon den jungen Priester Karol Wojtyla und begeisterte ihn später, als er sich als junger Bischof

Gegensatz stehen zur Unauflöslichkeit des Ehebundes oder zur gebotenen Achtung vor dem gerade erst empfangenen und noch im mütterlichen Schoß geborgenen menschlichen Leben. Scheidung und Abtreibung sind natürlich Entscheidungen unterschiedlicher Natur. Sie sind manchmal unter schwierigen und dramatischen Umständen herangereift, bringen oft Traumata mit sich und sind eine Quelle tiefen Leids für diejenigen, die sie treffen. Sie betreffen auch unschuldige Opfer: das gerade erst empfangene und noch ungeborene Kind und die in den Bruch der familiären Bindungen verwickelten Kinder. Bei allen lassen sie Wunden zurück, die das Leben für immer prägen. Das ethische Urteil der Kirche über die Scheidung und die vorsätzlich herbeigeführte Abtreibung ist klar und allgemein bekannt: Es handelt sich bei beiden um schwere Schuld, die in unterschiedlichem Maße und unter Vorbehalt der Abwägung subjektiver Verantwortlichkeiten die Würde der menschlichen Person verletzt, tiefes Unrecht in die menschlichen Beziehungen hineinbringt und Gott, den Garanten des Ehebundes und Urheber des Lebens, beleidigt. Dennoch hat die Kirche nach dem Vorbild ihres göttlichen Meisters stets die konkreten Personen vor Augen – vor allem die schwächsten und unschuldigsten, die Opfer der Ungerechtigkeiten und der Sünden, und auch jene Männer und Frauen, die derartige Handlungen vorgenommen und sich dadurch mit Schuld befleckt und innere Wunden davongetragen haben und nach Frieden und der Möglichkeit eines Neubeginns suchen.

Die Kirche hat die vorrangige Pflicht, sich diesen Personen mit Liebe und Einfühlungsvermögen, mit mütterlicher Fürsorge und Aufmerksamkeit zu nähern, um die barmherzige Nähe Gottes in Jesus Christus zu verkündigen. Er ist, wie die Kirchenväter lehren, der wahre barmherzige Samariter, der sich zu unserem Nächsten gemacht hat, der Öl und Wein auf unsere Wunden gießt und uns in die Herberge, die Kirche, führt, in der er uns zur Heilung seinen Dienern anvertraut und selbst im voraus für unsere Gesundung bezahlt. Ja, das Evangelium der Liebe und des Lebens ist immer auch „Evangelium der Barmherzigkeit", das sich an den konkreten Menschen und Sünder richtet, der wir sind, um ihn nach jedem Fallen aufzuheben, um ihn von allen Wunden zu heilen. Mein geliebter Vorgänger, der Diener Gottes Johannes Paul II. sagte (…), „daß es für den Menschen keine andere Quelle der Hoffnung als das Erbarmen Gottes geben kann" (17.8.2002). Von dieser Barmherzigkeit ausgehend setzt die Kirche ein unerschütterliches Vertrauen in den Menschen und seine Fähigkeit, wieder gesund zu werden. Sie weiß, daß die menschliche

Freiheit mit Hilfe der Gnade zur endgültigen und treuen Selbsthingabe fähig ist, die die Ehe eines Mannes und einer Frau als unauflöslichen Bund möglich macht, daß die menschliche Freiheit auch unter schwierigsten Umständen zu außerordentlichen Taten des Opfers und der Solidarität fähig ist, um das Leben eines neuen Menschen anzunehmen. So sieht man, daß das „Nein" der Kirche in ihren moralischen Weisungen, auf das die Aufmerksamkeit der öffentlichen Meinung manchmal einseitig fixiert ist, in Wirklichkeit ein großes „Ja" ist zur Würde der menschlichen Person, zu ihrem Leben und zu ihrer Fähigkeit zu lieben. Es ist der Ausdruck des ständigen Vertrauens, daß die Menschen trotz ihrer Schwächen in der Lage sind, die hohe Berufung zu erfüllen, für die sie geschaffen worden sind: die Berufung zu lieben.

(…) Wenn der Ehebund zerbricht, so leiden darunter (…) zwangsläufig vor allem die Kinder, die das lebendige Zeichen seiner Unauflöslichkeit sind. Durch solidarische und pastorale Aufmerksamkeit muß also dafür Sorge getragen werden, daß die Kinder nicht zu unschuldigen Opfern der Konflikte der Eltern werden, die sich scheiden lassen. Auch muß die Fortdauer der Bindung an ihre Eltern soweit wie möglich gewährleistet sein, ebenso wie die Beziehung zur eigenen familiären und sozialen Herkunft, die für ein ausgewogenes psychologisches und menschliches Wachstum unentbehrlich ist.

Die vorsätzlich herbeigeführte Abtreibung hinterläßt bei der Frau, die sie vornimmt, [und bei den Personen in ihrem Umfeld tiefe und manchmal unauslöschliche Zeichen]. Sie hat verheerende Folgen für die Familie und für die Gesellschaft, auch aufgrund der materialistischen Mentalität der Verachtung der Lebens, die sie fördert. Wieviel egoistische Mittäterschaft liegt oft an der Wurzel einer leidvollen Entscheidung, der viele Frauen allein gegenüberstanden und durch die sie im Herzen eine Wunde tragen, die noch nicht vernarbt ist! Wenn auch das Getane ein schweres Unrecht bleibt und in sich selbst nicht wiedergutzumachen ist, so mache ich mir doch die Worte zu eigen, die in der Enzyklika *Evangelium vitae* an die Frauen gerichtet sind, die eine Abtreibung vorgenommen haben: „Laßt euch nicht von Mutlosigkeit ergreifen und gebt die Hoffnung nicht auf. Sucht vielmehr das Geschehene zu verstehen und interpretiert es in seiner Wahrheit. Falls ihr es noch nicht getan habt, öffnet euch voll Demut und Vertrauen der Reue: Der Vater allen Erbarmens wartet auf euch, um euch im Sakrament der Versöhnung seine Vergebung und seinen Frieden anzubieten. Eben diesem Vater und seiner Barmherzigkeit dürft ihr hoffnungsvoll euer Kind anvertrauen" (Nr. 99).

DIE LEBENSALTER IN DER FAMILIE

Vom Kindsein bis zur eigenen Familie

Johannes Chrysostomus bemühte sich, mit seinen Schriften die gesamtheitliche Entwicklung des Menschen in seiner leiblichen, intellektuellen und religiösen Dimension zu begleiten. Die verschiedenen Phasen des Heranwachsens werden mit ebensovielen Meeren eines unermeßlichen Ozeans verglichen: „Das erste dieser Meere ist die Kindheit" (Predigt 81,5 über das Matthäusevangelium). Denn „gerade in diesem ersten Alter kommen die Neigungen zum Laster und zur Tugend zum Vorschein". Aus diesem Grund muß das Gesetz Gottes der Seele von Anfang eingeprägt werden „wie in eine Wachstafel" (Predigt 3,1 über das Johannesevangelium): In der Tat ist dies das wichtigste Lebensalter. Wir müssen uns vergegenwärtigen, wie grundlegend es ist, daß in dieser ersten Lebensphase in die Menschen wirklich die großen Leitlinien eintreten, die dem Leben die rechte Perspektive verleihen. Chrysostomus empfiehlt deshalb: „Stattet die Kinder vom jüngsten Alter an mit geistlichen Waffen aus und lehrt sie, sich die Stirn mit der Hand zu bekreuzigen" (Predigt 12,7 über den ersten Brief an die Korinther). Danach kommt das Jünglingsalter: „Der Kindheit folgt das Meer des Jünglingsalters, wo heftige Winde wehen …, weil die Begierlichkeit in uns wächst" (Predigt 81,5 über das Matthäusevangelium). Schließlich kommen die Verlobung und die Ehe: „Der Jugend folgt das Alter des reifen Menschen, in dem die Pflichten der Familie auftreten: Es ist die Zeit, eine Ehefrau zu suchen" (ebd.). Bei der Ehe erinnert er an deren Ziele und bereichert sie – indem er zur Tugend der Mäßigung aufruft – um ein reiches Geflecht personalisierter Beziehungen. Die gut vorbereiteten Brautleute versperren so der Scheidung den Weg: Alles verläuft mit Freude, und die Kinder können zur Tugend erzogen werden. Wenn dann das erste Kind geboren wird, ist es „wie eine Brücke; die drei werden ein Fleisch, da das Kind die beiden Teile miteinander verbindet" (Predigt 12,5 über den Brief an die Kolosser), und die drei bilden „eine Familie, eine kleine Kirche" (Predigt 20,6 über den Brief an die Epheser).

Das Jesuskind und jedes Kind

In Jesus Christus ist Gottes Sohn, Gott selbst ein Mensch geworden. Zu ihm sagt der Vater: „Mein Sohn bist du." Das ewige Heute Gottes ist in das vergängliche Heute dieser Welt herabgestiegen und zieht unser vergehendes Heute in Gottes immerwährendes Heute hinein. Gott ist so groß, daß er klein werden kann. Gott ist so mächtig, daß er sich wehrlos machen kann und als wehrloses Kindlein auf uns zugeht, damit wir ihn lieben können. Gott ist so gut, daß er auf seinen göttlichen Glanz verzichtet und in den Stall herabsteigt, damit wir ihn finden können und so seine Güte auch uns berührt, uns ansteckt, durch uns weiterwirkt. Das ist Weihnachten: „Mein Sohn bist du; heute habe ich dich gezeugt." Gott ist einer von uns geworden, damit wir mit ihm sein, ihm ähnlich werden können. Er hat das Kind in der Krippe zu seinem Zeichen gewählt: So ist er. So lernen wir ihn kennen. Und über jedem Kind steht etwas vom Strahl dieses Heute, von der göttlichen Nähe, die wir lieben und der wir uns beugen sollen – über jedem Kind, auch über dem ungeborenen.

Urbild der Familie – Vorbild der Erziehung

Maria und Josef haben Jesus vor allem durch ihr Beispiel erzogen: in seinen Eltern hat er die ganze Schönheit des Glaubens, der Liebe zu Gott und seinem Gesetz kennengelernt wie auch die Anforderungen der Gerechtigkeit, die ihre volle Erfüllung in der Liebe findet (vgl. Röm 13,10). Von ihnen hat er gelernt, daß man zuallererst den Willen Gottes tun muß und daß die geistlichen Bande wertvoller sind als die Bande des Blutes. Die Heilige Familie von Nazareth ist in der Tat das „Urbild" jeder christlichen Familie, die im Sakrament der Ehe vereint und vom Wort und von der Eucharistie genährt, dazu gerufen ist, die wundervolle Berufung und Sendung zu verwirklichen, lebendige Zelle nicht nur der Gesellschaft zu sein, sondern der Kirche, Zeichen und Werkzeug der Einheit für das ganze Menschengeschlecht.

Maria, die Mutter Jesu, und die weltweite Familie Gottes

Mit dem Glauben an Jesus Christus, den menschgewordenen Sohn Gottes, geht seit frühesten Zeiten eine besondere Verehrung für seine Mutter einher, für die Frau, in deren Schoß er Menschennatur annahm und sogar ihren Herzschlag teilte, die einfühlsam und respektvoll sein Leben begleitete bis zu seinem Tod am Kreuz und deren Mutterliebe er am Ende den Lieblingsjünger und mit ihm die ganze Menschheit anvertraute. In ihrer Mütterlichkeit nimmt Maria auch heute Menschen aus allen Sprachen und Kulturen unter ihren Schutz, um sie in vereinter Vielfalt miteinander zu Christus zu führen. An sie können wir uns wenden in unseren Sorgen und Nöten. Von ihr sollen wir aber auch lernen, einander so liebevoll anzunehmen wie sie uns alle annimmt: einen jeden in seiner Eigenart, von Gott gewollt und geliebt. In der weltweiten Familie Gottes, in der für jeden Menschen ein Platz vorgesehen ist, soll jeder seine persönlichen Gaben zum Wohle aller entfalten.

Die Dreifaltigkeit und die Familie der Menschheit

Die ursprüngliche Wurzel der Mission der Kirche ist das trinitarische Leben Gottes, aus dem der Liebesstrom entspringt, der sich von den Göttlichen Personen auf die Menschheit ergießt.] Alles fließt aus dem Herzen des himmlischen Vaters, der die Welt so sehr geliebt hat, daß er seinen einzigen Sohn hingab, damit jeder, der an ihn glaubt, nicht zugrunde geht, sondern das ewige Leben hat (vgl. Joh 3,16). Durch das Geheimnis der Menschwerdung ist der einzige Sohn zum wahren und höchsten Mittler eingesetzt worden. In ihm, der gestorben und auferstanden ist, erreicht die fürsorgliche Liebe des Vaters jeden Menschen in den Formen und auf den Wegen, die nur Er kennt. Aufgabe der Kirche ist es, diese göttliche Liebe unablässig zu vermitteln, dank dem lebendig machenden Wirken des Heiligen Geistes. Denn der Geist ist es, der das Leben der Gläubigen dadurch verwandelt, daß er sie von der Knechtschaft der Sünde und des Todes befreit und sie fähig macht, Zeugnis zu geben von der barmherzigen Liebe Gottes, der die Menschheit in seinem Sohn zu einer großen Familie machen will (vgl. Deus caritas est, 19).

Die Heilige Familie und die Familie im Heilsplan Gottes

Im Evangelium finden wir keine Reden über die Familie, sondern ein Ereignis, das mehr wert ist als alle Worte: Gott wollte in einer menschlichen Familie geboren werden und aufwachsen. Dadurch hat er sie geheiligt als ersten und normalen Weg der Begegnung mit der Menschheit. Während seines Lebens in Nazareth hat Jesus die Jungfrau Maria und den gerechten Josef geehrt und war ihnen in der ganzen Zeit seiner Kindheit und Jugend gehorsam (vgl. Lk 2,51–52). Auf diese Weise hat er den wesentlichen Wert der Familie für die Erziehung der menschlichen Person hervorgehoben. Von Maria und Josef wurde er durch den Besuch der Synagoge von Nazareth in die religiöse Gemeinschaft eingeführt. Mit ihnen hat er gelernt, die Wallfahrt nach Jerusalem zu machen, wie der Abschnitt des Evangeliums berichtet, den die heutige Liturgie unserer Betrachtung unterbreitet. Als er zwölf Jahre alt war, blieb er im Tempel, und seine Eltern brauchten drei Tage, um ihn wiederzufinden. Mit dieser Geste gab er ihnen zu verstehen, daß er „in dem sein muß, was seinem Vater gehört", das heißt daß er sich der Sendung widmen muß, die Gott ihm anvertraut hat (vgl. Lk 2,41–52).

Jugendliche – Sinnsucher

Die Jugendlichen fürchten sich nicht vor dem Opfer, wohl aber vor einem Leben ohne Sinn. Sie sind empfänglich für den Ruf Christi, der sie einlädt, ihm zu folgen. Sie können auf diesen Ruf als Priester, als Ordensmänner und Ordensfrauen oder als Familienväter und -mütter antworten, die sich mit ihrer ganzen Zeit und ihrer Hingabefähigkeit, mit ihrem ganzen Leben vollständig dem Dienst an ihren Brüdern und Schwestern widmen. Die jungen Menschen müssen sich dem Leben als einer ständigen Entdeckung stellen, ohne sich von den gängigen Modeerscheinungen oder Denkweisen umgarnen zu lassen, sondern indem sie mit einer tiefen Neugier auf den Sinn des Lebens und das Geheimnis Gottes, des Vaters und Schöpfers, und seines Sohnes, unseres Erlösers, innerhalb der menschlichen Familie vorangehen. Sie müssen sich auch um eine ständige Erneuerung der Welt im Lichte des Evangeliums bemühen. Mehr noch müssen sie sich den leichtfertigen Vorspiegelungen raschen Glücks und den trügerischen Lustgefilden der Droge, des Vergnügens, des Alkohols sowie jeder Form von Gewalt widersetzen.

An die Jugend: Das Glück hat einen Namen

Liebe Jugendliche, das Glück, das ihr sucht, das Glück, auf das ihr ein Anrecht habt, hat einen Namen, ein Gesicht: Es ist Jesus von Nazareth, verborgen in der Eucharistie. Er allein schenkt der Menschheit Leben in Fülle! Sagt gemeinsam mit Maria euer „Ja" zu dem Gott, der sich euch schenken will. Ich wiederhole euch heute, was ich zu Beginn meines Pontifikats gesagt habe: „Wer Christus [in sein Leben] eintreten läßt, verliert nichts, gar nichts – absolut nichts von dem, was das Leben frei, schön und groß macht. Nein, nur in dieser Freundschaft öffnen sich die Türen des Lebens weit. Nur in dieser Freundschaft erschließen sich wirklich die großen Möglichkeiten des Menschseins. Nur in dieser Freundschaft erfahren wir, was schön ist und was frei macht" (Homilie zur Amtseinführung des Papstes, 24. April 2005 in: O. R. dt., Nr. 17, 29. 4. 2005, S. 2 f.). Seid völlig überzeugt davon: Christus nimmt nichts weg von dem, was ihr an Schönem und Großem in euch habt, sondern zur Ehre Gottes, zum Glück der Menschen und zum Heil der Welt führt er alles zur Vollendung.

Die wichtige Rolle der Großeltern

Wer erinnert sich nicht an seine Großeltern? Wer kann ihre Anwesenheit und ihr Zeugnis in der eigenen Familie vergessen? Wie viele von uns tragen zum Zeichen für Kontinuität und Dankbarkeit den Namen ihrer Großeltern! In den Familien ist es üblich, nach dem Hinscheiden der Großeltern ihrer am Jahrestag ihres Todes mit einer Seelenmesse und, wenn möglich, mit einem Besuch am Grab zu gedenken. Solche und andere Liebes- und Glaubensgesten sind Ausdruck unserer Dankbarkeit ihnen gegenüber. Sie haben sich für uns hingegeben, sich aufgeopfert, in bestimmten Fällen auch hingeopfert.

(…) Johannes Paul II. [rief] während des Jubiläumsjahres 2000 im September auf dem Petersplatz die Welt der „Senioren" zusammen; bei dieser Gelegenheit sagte er: „Trotz der Einschränkungen, die mit dem Alter verbunden sind, bewahre ich mir die Lebensfreude. Dafür danke ich dem Herrn. Es ist schön, sich bis zum Ende für die Sache Gottes zu verzehren." Diese Worte sind in der Botschaft enthalten, die der Papst ein Jahr zuvor, im Oktober 1999, an die alten Menschen gerichtet hatte und die ihre menschliche, soziale und kulturelle Aktualität unversehrt bewahrt.

41

(...) In der Vergangenheit hatten die Großeltern eine wichtige Rolle im Leben und Wachsen der Familie. Auch in vorgerücktem Alter waren sie weiterhin mit ihren Kindern, ihren Enkeln und sogar Urenkeln zusammen und gaben ein lebendiges Zeugnis liebevoller Sorge, Aufopferung und tagtäglicher vorbehaltloser Hingabe. Sie waren Zeugen einer persönlichen und gemeinsamen Geschichte, die in ihren Erinnerungen und in ihrer Weisheit weiterlebte. Heute hat die wirtschaftliche und soziale Entwicklung tiefgreifende Veränderungen im Familienleben mit sich gebracht. Die Alten, darunter viele Großeltern, kommen sich oft wie auf einer Art „Parkplatz" vor: Manche merken, daß sie der Familie zur Last fallen, und ziehen es vor, alleine oder in Altenheimen zu leben – mit allen Konsequenzen, die diese Entscheidungen mit sich bringen.

Die „Kultur des Todes", die auch das Lebensalter der Senioren bedroht, scheint leider immer weiter voranzuschreiten. Mit wachsender Hartnäckigkeit gelangt man sogar dazu, die Euthanasie als Lösung für die Bewältigung gewisser schwieriger Situationen vorzuschlagen. Es ist daher notwendig, das Alter mit seinen Problemen, die auch mit den neuen familiären und sozialen Rahmenbedingungen aufgrund der modernen Entwicklung zusammenhängen, immer aufmerksam und im Licht der Wahrheit über den Menschen, die Familie und die Gemeinschaft zu bewerten. Es gilt, immer energisch auf alles zu reagieren, was die Gesellschaft entmenschlicht. Die Pfarr- und Diözesangemeinden werden von dieser Problematik nachdrücklich auf den Plan gerufen und versuchen, auf die heutigen Bedürfnisse der alten Menschen einzugehen. Es gibt kirchliche Vereinigungen und Bewegungen, die sich dieses wichtigen und dringenden Anliegens angenommen haben. Es ist erforderlich, sich zusammenzuschließen, um gemeinsam jede Form der Ausgrenzung zu überwinden, denn von der individualistischen Gesinnung werden nicht nur sie – die Großväter, Großmütter, die alten Menschen – überrollt, sondern alle. Wenn die Großeltern, wie es oft und von vielen Seiten heißt, eine wertvolle Ressource darstellen, müssen konsequente Entscheidungen getroffen und umgesetzt werden, die es gestatten, sie so gut wie möglich aufzuwerten.

Die Großeltern sollen wieder in der Familie, in der Kirche und in der Gesellschaft lebendig gegenwärtig sein. Was die Familie betrifft, so sollen die Großeltern weiterhin Zeugen der Einheit und der Werte sein, die auf der Treue zu einer einzigen Liebe gründen, die den Glauben und die Lebensfreude hervorbringt. Die sogenannten neuen Familienmodelle und der sich verbreitende Relativismus haben diese Grundwerte der Kernzelle der Familie geschwächt. Die Übel unserer Gesellschaft (...) bedürfen dringend der Heilmittel. Könnte man angesichts der Krise der Familie nicht vielleicht einen Neuanfang setzen mit der Gegenwart und dem Zeugnis derjenigen – nämlich der Großeltern –, die über eine größere Überzeugungskraft für Werte und Vorhaben verfügen? Man kann nämlich die Zukunft nicht planen, ohne auf eine Vergangenheit zurückzugreifen, die voller bedeutsamer Erfahrungen und geistlicher und moralischer Bezugspunkte ist. Wenn ich an die Großeltern, an ihr Zeugnis der Liebe und Treue zum Leben denke, fallen mir die biblischen Gestalten von Abraham und Sarah, Elisabeth und Zacharias, Joachim und Anna sowie auch die hochbetagten Simeon und Hanna oder auch Nikodemus ein: sie alle erinnern uns daran, daß der Herr von einem jeden in jedem Lebensalter das Einbringen seiner Talente fordert.

Alten und Kranken in der Familie beistehen

Da das menschliche Leben in allen seinen Phasen höchste Achtung verdient, gilt das in gewisser Hinsicht noch mehr, wenn es von Alter und Krankheit gezeichnet ist. Das Alter ist der letzte Abschnitt unseres irdischen Pilgerweges, der aus verschiedenen Phasen besteht, von denen jede ihre Licht- und ihre Schattenseiten hat. Man fragt sich: Hat das Dasein eines alten und kranken Menschen mit großen gesundheitlichen Schwierigkeiten noch einen Sinn? Wenn die Krankheit so weit fortgeschritten ist, warum soll man das Leben noch länger schützen und nicht vielmehr die Euthanasie als Befreiung in Betracht ziehen? Ist es möglich, die Krankheit als eine menschliche Erfahrung zu verstehen, die man geduldig und mutig annehmen kann?

Mit diesen Fragen müssen sich diejenigen befassen, die berufen sind, die betagten Kranken zu begleiten, besonders dann, wenn diese scheinbar keine Möglichkeit der Gesundung mehr haben. Das heutige Leistungsdenken neigt oft dazu, diese unsere leidenden Schwestern und Brüder auszugrenzen, als seien sie nur eine „Last" und „ein Problem" für die Gesellschaft. Wer einen Sinn für die Menschenwürde hat, weiß, daß sie gerade in diesem schweren Krankheitszustand zu achten und zu stützen sind. Ja, es ist richtig, daß, wenn

nötig, palliative Behandlungsmethoden angewandt werden, die zwar nicht heilen können, aber doch imstande sind, die mit der Krankheit verbundenen Leiden zu lindern. Aber neben der unerläßlichen klinischen Behandlung ist es auch notwendig, eine echte und konkrete Liebesfähigkeit zu zeigen, denn die Kranken brauchen Verständnis, Trost und ständige Ermutigung und Begleitung. Den alten Menschen muß insbesondere geholfen werden, daß sie den Weg ihres letzten irdischen Lebensabschnitts in bewußter und menschlicher Weise gehen können, um sich in Ruhe gut auf den Tod vorzubereiten, der – wir Christen wissen es – der Übergang und die Heimkehr zum himmlischen Vater bedeutet, der voll Zärtlichkeit und Erbarmen ist.

Ich möchte hinzufügen, daß diese notwendige Seelsorge für die betagten Kranken die Familien mit einbeziehen muß. Im allgemeinen ist es angebracht, alles zu versuchen, damit die Familien sie aufnehmen und sie mit Verständnis liebevoll umsorgen, so daß die alten kranken Menschen ihren letzten Lebensabschnitt zu Hause verbringen und sich in der Geborgenheit der Familie auf den Tod vorbereiten können. Und im Fall einer stationären Behandlung ist es wichtig, daß die Verbindung des Patienten mit seinen Angehörigen und seiner Umgebung nicht abreißt. In den schweren Stunden soll der Kranke mit Hilfe der Seelsorge ermutigt werden und die Kraft finden,

45

seine schwere Prüfung durch Gebet und den Trost der Sakramente zu bestehen. Er soll von seinen Brüdern und Schwestern im Glauben umgeben sein, die bereit sind, ihm zuzuhören und seine Gefühle zu teilen. Das ist eigentlich das wahre Ziel der Seelsorge im Dienst an den betagten Personen, besonders wenn sie krank, und noch mehr, wenn sie schwer krank sind.

Bei mehreren Anlässen hat mein verehrter Vorgänger Johannes Paul II., der besonders während seiner Krankheit ein vorbildliches Zeugnis des Glaubens und des Mutes abgelegt hat, die Wissenschaftler und die Ärzte aufgefordert, sich in der Forschung um die Vorbeugung und Heilung von Krankheiten zu bemühen, die mit dem Alterungsprozeß verbunden sind. Sie dürfen aber nie der Versuchung erliegen, auf Maßnahmen zurückzugreifen, die das Leben des betagten Kranken verkürzen, also Maßnahmen, die in Wirklichkeit eine Form von Euthanasie sind. Die Wissenschaftler, die Forscher, die Ärzte, die Krankenpfleger sowie die Politiker, die Verwaltungskräfte und die Krankenseelsorger dürfen nicht vergessen, daß „die Versuchung zur Euthanasie" eines „der alarmierendsten Symptome der ‚Kultur des Todes' ist, die vor allem in den Wohlstandsgesellschaften um sich greift" (Evangelium vitae, 64). Das Leben des Menschen ist ein Geschenk Gottes, das zu hüten wir alle immer berufen sind. Diese Pflicht betrifft auch die im Gesundheitsdienst Tätigen, deren beson-

dere Aufgabe es ist, sich zu „Dienern des Lebens" in allen seinen Phasen zu machen, besonders in denen, die von Gebrechlichkeit und Krankheit gezeichnet sind. Notwendig ist ein gemeinsames Bemühen, damit das menschliche Leben nicht nur in den katholischen Krankenhäusern geachtet wird, sondern überall, wo Kranke behandelt werden.

Für die Christen ist es der Glaube an Christus, der die Krankheit und den Zustand der betagten Person sowie alle anderen Ereignisse und Phasen des Daseins erhellt. Durch seinen Tod am Kreuz hat Jesus dem menschlichen Leiden einen transzendenten Wert und eine transzendente Bedeutung verliehen. Angesichts des Leidens und der Krankheit sind die Gläubigen eingeladen, die innere Gelassenheit nicht zu verlieren, denn nichts, auch nicht der Tod, kann uns von der Liebe Christi scheiden. In ihm und mit ihm ist es möglich, jede physische und geistliche Prüfung anzunehmen und zu bewältigen und gerade im Augenblick größter Schwäche die Früchte der Erlösung zu spüren. Der auferstandene Herr offenbart sich denen, die an ihn glauben, als der Lebendige, der das Dasein verwandelt und auch der Krankheit und dem Tod einen heilbringenden Sinn gibt.

Foto: Papst Benedikt XVI. bei der Chrisammesse, in der die heiligen Öle für Taufe, Firmung und Krankensalbung geweiht werden, im Petersdom. (Reuters/KNA-Bild)

Krankensalbung und Wegzehrung

J esus hat seine Jünger nicht nur aus-
gesandt, die Kranken zu heilen (vgl.
Mt 10,8; Lk 9,2; 10,9), sondern er hat
für sie auch ein spezifisches Sakrament
eingesetzt: die Krankensalbung (vgl.
Katechismus der Katholischen Kirche,
1499–1531). Der Jakobusbrief bezeugt
uns, daß es diese sakramentale Handlung bereits in der ersten christlichen
Gemeinde gegeben hat (vgl. 5,14–16).
Wenn die Eucharistie zeigt, wie Leiden
und Tod Christi in Liebe verwandelt worden sind, so vereint die Krankensalbung
den Leidenden mit der Selbsthingabe
Christi zum Heil aller, so daß auch er
im Mysterium der Gemeinschaft der
Heiligen sich an der Erlösung der Welt
beteiligen kann. Die Verbindung dieser
Sakramente wird außerdem angesichts
der Verschlimmerung der Krankheit
offenbar: „Die Kirche bietet den
Sterbenden neben der Krankensalbung
die Eucharistie als Wegzehrung an."
(Ebd., 1524) Im Heimgang zum Vater
erweist sich die Kommunion mit dem
Leib und dem Blut Christi als Same
des ewigen Lebens und Kraft zur
Auferstehung: „Wer mein Fleisch ißt und
mein Blut trinkt, hat das ewige Leben,
und ich werde ihn auferwecken am
Letzten Tag" (Joh 6,54). Da die heilige
Wegzehrung dem Kranken die Fülle des
Pascha-Mysteriums erschließt, muß ihre

Darreichung sichergestellt werden (Vgl.
Propositio 44). Die Zuwendung und die
pastorale Sorge, die den Kranken ent-
gegengebracht werden, bringen sicher
einen geistlichen Gewinn für die ganze
Gemeinde mit sich. Bekanntlich haben
wir ja alles, was wir für den Geringsten
getan haben, für Jesus selbst getan (vgl.
Mt 25,40).

Ermunterung der Familienmitglieder

B ei der Betrachtung des Geheimnisses
des Sohnes Gottes, der umsorgt von
der Liebe Mariens und Josefs auf die
Welt gekommen ist, lade ich die christlichen Familien ein, in ihrem Leben
die liebevolle Gegenwart des Herrn zu
erfahren. Ebenso ermutige ich sie, sich
an der Liebe Christi zu den Menschen
zu inspirieren und vor der Welt Zeugnis
für die Schönheit der menschlichen
Liebe, der Ehe und der Familie abzu-
legen. Diese ist auf die unauflösliche
Verbindung zwischen einem Mann und
einer Frau gegründet und bildet so den
bevorzugten Ort, an dem das menschliche Leben angenommen und geschützt
wird, von seinem Anfang bis zu seinem
natürlichen Ende. Deshalb haben die
Eltern das Recht und die grundlegende

Pflicht, ihre Kinder im Glauben und in den Werten zu erziehen, die dem menschlichen Dasein Würde verleihen. Es lohnt sich, für die Familie und die Ehe zu arbeiten, da es sich lohnt, für den Menschen zu arbeiten, das wertvollste der von Gott geschaffenen Wesen. Ich wende mich besonders an die Kinder, daß sie ihre Eltern und Geschwister lieben und für sie beten; an die Jugendlichen, daß sie, angeregt durch die Liebe ihrer Eltern, großherzig ihrer Berufung zur Ehe, zum Priestertum oder Ordensleben folgen; an die alten und kranken Menschen, daß sie die notwendige Hilfe und Verständnis finden. Und ihr, liebe Brautleute, zählt stets auf die Gnade Gottes, daß eure Liebe immer fruchtbarer und treuer sei.

49

SAKRAMENTE UND RELIGIÖSE ERZIEHUNG

Die Taufe als Bad der Wiedergeburt

Wir sind gerettet „aufgrund seines Erbarmens durch das Bad der Wiedergeburt und der Erneuerung im Heiligen Geist" (Tit 3,5). Ein Bad der Wiedergeburt. Die Taufe ist nicht nur ein Wort; sie ist nicht nur eine spirituelle Angelegenheit, sondern sie schließt auch die Materie ein. Die ganze Wirklichkeit der Erde wird miteinbezogen. Die Taufe betrifft nicht nur die Seele. Die Spiritualität des Menschen betrifft den Menschen in seiner Ganzheit, Leib und Seele. Die Handlung Gottes in Jesus Christus ist eine Handlung von universaler Wirksamkeit. Christus nimmt das Fleisch an, und das dauert fort in den Sakramenten, in denen die Materie angenommen wird und in die göttliche Handlung eintritt.

Wir können nun fragen, warum gerade das Wasser das Zeichen dieser Ganzheit ist. Das Wasser ist das Element der Fruchtbarkeit. Ohne Wasser gibt es kein Leben. In allen großen Religionen gilt deshalb das Wasser als Symbol der Mutterschaft, der Fruchtbarkeit. Für die Kirchenväter wird das Wasser zum Symbol des Mutterschoßes der Kirche. Bei einem Kirchenschriftsteller des 2./3. Jahrhunderts, Tertullian, findet sich ein erstaunliches Wort. Er sagt: „Christus ist nie ohne Wasser." Tertullian wollte mit diesen Worten sagen, daß Christus niemals ohne die Kirche ist. In der Taufe werden wir vom himmlischen Vater adoptiert, aber in dieser Familie, die er sich bildet, gibt es auch eine Mutter, die Mutter Kirche. Der Mensch kann nicht Gott als Vater haben – sagten schon die antiken christlichen Schriftsteller –, wenn er nicht auch die Kirche als Mutter hat. Wir sehen also wiederum: das Christentum ist keine rein spirituelle, individuelle Wirklichkeit, keine bloß subjektive Entscheidung, die ich treffe, sondern etwas Reales, Konkretes, wir könnten sagen: auch etwas Materielles. Die Familie Gottes nimmt Gestalt an in der konkreten Wirklichkeit der Kirche. Die Adoption zu Kindern Gottes, des dreieinigen Gottes, ist gleichzeitig Aufnahme in die Familie der Kirche, Eingliederung als Brüder und Schwestern in die große Familie der Christen. Und nur dann, wenn

wir als Kinder Gottes uns als Brüder und Schwestern in die Wirklichkeit der Kirche einfügen, können wir „Vater unser" zu unserem himmlischen Vater sagen. Dieses Gebet setzt immer das „Wir" der Familie Gottes voraus.

Die Taufe als Feuer

Johannes der Täufer sagt: „Ich taufe euch nur mit Wasser. Es kommt aber einer, der stärker ist als ich … Er wird euch mit dem Heiligen Geist und mit Feuer taufen" (Lk 3,16). Wir haben das Wasser gesehen; jetzt drängt sich jedoch die Frage auf: Worin besteht das Feuer, auf das der hl. Johannes der Täufer anspielt? Um diese Wirklichkeit des bei der Wassertaufe vorhandenen Feuers zu erkennen, müssen wir feststellen, daß die Taufe durch Johannes eine menschliche Geste war, ein Bußakt, ein Sich-Ausstrecken des Menschen nach Gott hin, um zu bitten um Vergebung für die Sünden und um die Möglichkeit, ein neues Leben zu beginnen. Sie war nur ein menschlicher Wunsch, ein Zugehen auf Gott mit eigenen Kräften. Das genügt aber nicht. Der Abstand wäre zu groß. In Jesus Christus sehen wir, daß Gott uns entgegenkommt. In der von Christus eingesetzten christlichen

Taufe handeln nicht allein wir durch den Wunsch, reingewaschen zu werden, durch die Bitte, Vergebung zu erlangen. In der Taufe handelt Gott selbst, handelt Jesus durch den Heiligen Geist. In der christlichen Taufe ist das Feuer des Heiligen Geistes gegenwärtig. Gott handelt, nicht wir allein handeln. Gott ist heute hier gegenwärtig. Er nimmt eure Kinder an und macht sie zu seinen Söhnen und Töchtern.

Aber Gott handelt natürlich nicht auf magische Weise. Er handelt nur zusammen mit unserer Freiheit. Wir können nicht auf unsere Freiheit verzichten. Gott ruft unsere Freiheit auf den Plan, er lädt uns zur Mitwirkung mit dem Feuer des Heiligen Geistes ein. Diese beiden Dinge müssen zusammengehen. Die Taufe wird für das ganze Leben Geschenk Gottes bleiben, der unseren Seelen sein Siegel aufgedrückt hat. Aber dann wird es auf unsere Mitwirkung, auf die Bereitschaft unserer Freiheit ankommen, jenes „Ja" zu sprechen, das das göttliche Handeln wirksam werden läßt.

Kinder des Lichts

Jesus Christus hat mit der Radikalität seiner Liebe, in der sich das Herz

Gottes und des Menschen berührten, wirklich das Licht vom Himmel auf die Erde geholt – das Licht der Wahrheit und das Feuer der das Menschsein verwandelnden Liebe. Er hat das Licht gebracht, und nun wissen wir, wer Gott ist und wie Gott ist. So wissen wir auch, was es um den Menschen ist; was wir sind und wozu wir sind. Getauft werden bedeutet, daß das Feuer dieses Lichts in unser Inneres eingesenkt wird. Die Taufe wurde daher in der alten Kirche auch Sakrament der Erleuchtung genannt: Das Licht Gottes tritt in uns herein;

so werden wir selbst zu Kindern des Lichts. Dieses Licht der Wahrheit, das uns den Weg zeigt, wollen wir in uns nicht erlöschen lassen. Wir wollen es hüten gegen all die Mächte, die es auslöschen, uns wieder ins Gottesdunkel und in das Dunkel über uns selbst zurückwerfen möchten. Das Dunkel kann zeitweise bequem erscheinen. Ich kann mich verstecken und kann mein Leben verschlafen. Aber wir sind nicht zum Dunkel berufen, sondern zum Licht. In den Taufgelübden zünden wir gleichsam Jahr um Jahr dieses Licht neu an.

Der Ritus der Taufe

Was geschieht bei der Taufe? Was erwartet man von der Taufe? (…) Wir erwarten für unsere Kinder das ewige Leben. Das ist der Zweck der Taufe. Aber wie kann er umgesetzt werden? Wie kann die Taufe das ewige Leben geben? Was ist das ewige Leben?

Mit einfacheren Worten könnte man sagen: Wir erwarten für unsere Kinder ein gutes Leben, das wahre Leben, Glück auch in einer noch unbekannten Zukunft. Wir sind nicht in der Lage, dieses Geschenk für die gesamte Dauer der unbekannten Zukunft zu gewährleisten und wenden uns daher an den Herrn, um es von ihm zu erhalten.

Auf die Frage: „Wie soll das geschehen?" können wir zwei Antworten geben. Die erste Antwort ist folgende: Durch die Taufe wird jedes Kind in einen Freundeskreis aufgenommen, der es nie, weder im Leben noch im Tod, verlassen wird, denn diese Gemeinschaft ist die Familie Gottes, die die Verheißung der Ewigkeit in sich trägt. Dieser Freundeskreis, diese Familie Gottes, in die das Kind nun eingegliedert wird, begleitet es immerfort, auch in Tagen des Leids, in den dunklen Nächten des Lebens; er wird ihm Trost, Zuspruch und Licht geben. Dieser Freundeskreis, diese Familie wird ihm Worte des ewi-

gen Lebens geben, Worte des Lichts, die auf die großen Herausforderungen des Lebens eine Antwort geben und den rechten Weg weisen. Dieser Freundeskreis bietet dem Kind Trost, Zuspruch und die Liebe Gottes auch auf der Schwelle des Todes, im finsteren Tal des Todes. Er wird ihm Freundschaft und Leben schenken. Und dieser absolut zuverlässige Freundeskreis wird immer dasein. Niemand von uns weiß, was auf unserem Planeten, in unserem Europa, während der kommenden 50, 60, 70 Jahre geschehen wird. Aber eines ist sicher: Stets wird es die Familie Gottes geben, und wer dieser Familie angehört, wird nie allein sein, sondern immer wird Verlaß sein auf die Freundschaft dessen, der das Leben ist.

Somit sind wir bei der zweiten Antwort angekommen. Diese Familie Gottes, dieser Freundeskreis hat ewigen Bestand, da er Gemeinschaft mit demjenigen ist, der den Tod besiegt hat, der die Schlüssel zum Leben in Händen hält. Dieser Gemeinschaft, der Familie Gottes anzugehören bedeutet, mit Christus vereint zu sein, der Leben ist und über den Tod hinaus immerwährende Liebe schenkt. Und wenn wir sagen können, daß Liebe und Wahrheit die Quelle des Lebens, das Leben selbst sind – und ein Leben ohne Liebe ist kein Leben –, dann können wir sagen, daß diese Gemeinschaft mit Ihm, der wirklich das Leben ist, mit Ihm, der das Sakrament des Lebens ist, eure

Erwartung, eure Hoffnungen erfüllen wird.

Ja, die Taufe nimmt den Menschen in die Gemeinschaft mit Christus auf und schenkt auf diese Weise Leben, das Leben. So haben wir den ersten Dialog ausgelegt (...) nach der Weihe des Taufwassers folgt ein zweiter Dialog von großer Bedeutung. Sein Inhalt ist folgender: Die Taufe ist, wie wir gesehen haben, ein Geschenk, das Geschenk des Lebens. Ein Geschenk muß jedoch angenommen, muß gelebt werden. Ein Geschenk der Freundschaft bringt es mit sich, ja zu sagen zum Freund und nein zu sagen zu allem, was mit dieser Freundschaft unvereinbar ist, was mit dem Leben der Familie Gottes, mit dem wahren Leben in Christus unvereinbar ist. So werden in diesem zweiten Dialog drei Nein und drei Ja ausgesprochen. Man sagt nein und widersagt dadurch den Versuchungen, der Sünde, dem Teufel. Wir kennen diese Dinge gut, aber vielleicht gerade weil wir sie zu oft gehört haben, sagen uns diese Worte nicht viel. Daher sollten wir die Bedeutung dieses dreimaligen Nein ein wenig vertiefen. Wozu sagen wir nein? Nur so können wir verstehen, wozu wir ja sagen wollen.

In der alten Kirche wurde das dreimalige Nein in einem Wort zusammengefaßt, das die Menschen der damaligen Zeit gut verstanden: Man verzichtet – so sagte man – auf die „pompa diaboli", auf die Verheißung eines Lebens im Überfluß, auf jenes trügerische Leben, das aus der heidnischen Welt zu kommen schien, aus ihren Freiheiten, aus ihrer Art, nur so zu leben, wie es einem gefiel. Es war also ein Nein zu einer Kultur, die scheinbar ein Leben in Überfluß mit sich brachte, in Wirklichkeit jedoch eine „Antikultur" des Todes war. Es war das Nein zu jenen Schauspielen, in denen Tod, Grausamkeit und Gewalt zur Unterhaltung geworden waren. Denken wir an das, was sich im Kolosseum ereignete oder (...) in den Gärten des Kaisers Nero, wo die Menschen wie lebendige Fackeln entzündet wurden. Grausamkeit und Gewalt waren zu Elementen der Unterhaltung geworden, eine wahre Perversion der Freude, der wahren Bedeutung des Lebens. Diese „pompa diaboli", diese „Antikultur" des Todes war eine Perversion der Freude, war Liebe zu Lüge und Betrug, war ein Mißbrauch des menschlichen Körpers als Handelsware.

Und wenn wir einmal darüber nachdenken, dann können wir sagen, daß wir auch in der heutigen Zeit nein sagen müssen zu der in weiten Bereichen vorherrschenden Kultur des Todes, einer „Antikultur", die sich beispielsweise im Drogenproblem zeigt, in der Flucht vor der Realität in eine Scheinwirklichkeit, in ein falsches Glück, das seinen Ausdruck findet in der Lüge, im Betrug, in der Ungerechtigkeit, in der Verachtung der anderen, in der

Verachtung der Solidarität und der Verantwortung für die Armen und Leidtragenden, sowie in einer Sexualität, die zum reinen Vergnügen ohne jedes Verantwortungsbewußtsein wird, wobei sozusagen eine „Versachlichung" des Menschen stattfindet, der nicht mehr als Person betrachtet wird, die der persönlichen Liebe und Treue würdig ist, sondern der zur Ware, zum bloßen Objekt wird. Zu dieser Verheißung trügerischer Glückseligkeit, zu dieser „pompa" eines trügerischen Lebens, das in Wirklichkeit lediglich ein Werkzeug des Todes ist, zu dieser „Antikultur" sagen wir nein, um die Kultur des Lebens zu pflegen. Daher war dieses christliche Ja von der Antike bis heute immer ein deutliches Ja zum Leben. Das ist unser Ja zu Christus, das Ja zum Sieger über den Tod und das Ja zum Leben in der Zeit und in der Ewigkeit.

Wie in diesem Taufdialog das Nein im dreifachen Verzicht zum Ausdruck kommt, so kommt auch das Ja in dreifacher Zustimmung zum Ausdruck: Ja zum lebendigen Gott, einem Schöpfergott, einer schöpferischen Vernunft, die dem Kosmos und unserem Leben Sinn verleiht, Ja zu Christus, zu einem Gott, der nicht im Verborgenen geblieben ist, sondern der einen Namen hat, der Worte hat, der Leib und Blut hat, zu einem konkreten Gott, der uns das Leben schenkt und uns den Weg des Leben weist, Ja zur Gemeinschaft der

Kirche, in der Christus der lebendige Gott ist, der in unsere Zeit, in unseren Beruf, in unser tägliches Leben eintritt.

Wir könnten auch sagen, daß das Antlitz Gottes, das der Inhalt dieser Kultur des Lebens, der Inhalt unseres großen Ja ist, in den zehn Geboten zum Ausdruck kommt, die keine Bündelung von Verboten sind, in denen nur das Nein zum Ausdruck käme, sondern die in Wirklichkeit eine große Lebensvision aufzeigen. Sie sind ein Ja zu einem Gott, der dem Leben Sinn gibt (die drei ersten Gebote), ein Ja zur Familie (viertes Gebot), ein Ja zum Leben (fünftes Gebot), ein Ja zu verantwortungsbewußter Liebe (sechstes Gebot), ein Ja zu Solidarität, sozialer Verantwortung und Gerechtigkeit (siebtes Gebot), ein Ja zur Wahrheit (achtes Gebot), ein Ja zur Achtung anderer Menschen und dessen, was ihnen gehört (neuntes und zehntes Gebot). Das ist die Philosophie des Lebens, es ist die Kultur des Lebens, die konkret, umsetzbar und schön wird in Gemeinschaft mit Christus, dem lebendigen Gott, der mit uns geht in der Gemeinschaft seiner Freunde, in der großen Familie der Kirche. Die Taufe ist das Geschenk des Lebens. Sie ist ein Ja zur Herausforderung, das Leben wirklich zu leben, und nein zu sagen zum Angriff des Todes, der sich als Leben verkleidet, und sie ist ein Ja zum großen Geschenk des wahren Lebens, das im Antlitz Christi gegenwärtig ist, der sich uns in der Taufe und dann in der Eucharistie schenkt.

Dies soll als kurze Erläuterung der Worte dienen, die im Dialog des Taufritus das zum Ausdruck bringen, was in diesem Sakrament vollzogen wird. Außer den Worten haben wir noch die Riten und Symbole, aber ich werde nur kurz auf sie hinweisen. Die erste Geste haben wir bereits vollzogen: Es ist das Kreuzzeichen, das uns als Schild gegeben ist, der dieses Kind in seinem Leben schützen soll. Es ist wie ein „Wegweiser" für das Leben, denn das Kreuz ist die Zusammenfassung des Lebens Jesu. Dann gibt es die einzelnen Elemente: das Wasser, die Salbung mit dem Öl, das weiße Kleid und die Flamme der Kerze. Das Wasser symbolisiert das Leben: Die Taufe ist neues Leben in Christus. Das Öl symbolisiert Kraft, Gesundheit, Schönheit, denn es ist wirklich schön, in Gemeinschaft mit Christus zu leben. Dann gibt es das weiße Kleid als Ausdruck der Kultur der Schönheit, der Kultur des Lebens, und schließlich die Flamme der Kerze als Ausdruck der Wahrheit, die in der Finsternis der Geschichte leuchtet und uns zeigt, wer wir sind, woher wir kommen und wohin wir gehen sollen.

Die Aufgabe der Erziehung

Uns allen liegt das Wohl der Menschen, die wir lieben, am Herzen, insbesondere das unserer Kinder, Jugendlichen und Heranwachsenden, denn wir wissen, daß von ihnen die Zukunft unserer Stadt abhängt. Wir müssen daher Sorge tragen um die Ausbildung der jungen Generationen, um ihre Fähigkeit, sich im Leben zu orientieren und das Gute vom Bösen zu unterscheiden, um ihre nicht nur leibliche, sondern auch sittliche Gesundheit. Das Erziehen war jedoch niemals einfach, und heute scheint es immer schwieriger zu werden. Die Eltern, die Lehrer, die Priester und alle, die eine unmittelbare Erziehungsverantwortung tragen, wissen das sehr gut. Es ist daher die Rede von einem großen „Bildungs- und Erziehungsnotstand". Er wird bestätigt durch die Mißerfolge, auf die unsere Bemühungen, Menschen auszubilden, die zuverlässig und in der Lage sind, mit anderen zusammenzuarbeiten und ihrem eigenen Leben einen Sinn zu geben, oft treffen. Da gibt man dann sofort den jungen Generationen die Schuld, als ob die Kinder, die heute geboren werden, anders wären als jene, die in früheren Zeiten geboren wurden. Es ist außerdem die Rede von einem „Generationenkonflikt", den es gewiß gibt und der belastend ist. Er ist aber nicht so sehr die Ursache als vielmehr

die Folge der fehlenden Weitergabe von Gewißheiten und Werten.

Müssen wir also den Erwachsenen von heute die Schuld geben? Sind sie vielleicht nicht mehr in der Lage zu erziehen? Sicher ist sowohl unter den Eltern als auch unter den Lehrern und allgemein unter den Erziehern die Versuchung aufzugeben sehr stark – und mehr noch die Gefahr, nicht einmal zu verstehen, was ihre Rolle oder besser die ihnen anvertraute Sendung ist. In Wirklichkeit geht es nicht nur um die persönliche Verantwortung der Erwachsenen oder der Jugendlichen, obgleich es sie gibt und sie nicht verborgen werden darf, sondern auch um eine weitverbreitete Atmosphäre, eine Mentalität und eine Form der Kultur, die Zweifel aufkommen lassen am Wert der menschlichen Person, an der Bedeutung der Wahrheit und des Guten und letztlich daran, daß das Leben gut ist. Dadurch wird es schwierig, Gültiges, Gewißheiten, Verhaltensregeln und glaubwürdige Ziele, um die herum man das eigene Leben aufbauen kann, von einer Generation an die nächste weiterzugeben.

(...) an diesem Punkt möchte ich euch etwas sehr Einfaches sagen: Habt keine Angst! Denn all diese Schwierigkeiten sind nicht unüberwindbar. Vielmehr sind sie sozusagen die Kehrseite der Medaille jenes großen und kostbaren Geschenks, das unsere Freiheit ist, mit der Verantwortung, die sie zu Recht begleitet. Im Gegensatz zum technischen oder wirtschaftlichen Bereich, wo man die Fortschritte von heute denen der Vergangenheit hinzufügen kann, gibt es im Bereich der Ausbildung und des sittlichen Wachstums der Personen eine solche Zuwachsmöglichkeit nicht, weil die Freiheit des Menschen stets neu ist und daher jede Person und jede Generation selbst aufs neue ihre Entscheidungen treffen muß. Auch die größten Werte der Vergangenheit können nicht einfach geerbt werden, sondern wir müssen sie uns durch eine oft schwer errungene persönliche Entscheidung aneignen und erneuern.

Wenn jedoch die Fundamente erschüttert sind und die grundlegenden Gewißheiten abhanden kommen, dann spürt man den Bedarf an jenen Werten wieder dringend: So wird heute ganz konkret der Ruf nach einer Erziehung, die wirklich eine solche ist, immer lauter. Er kommt von seiten der Eltern, denen die Zukunft ihrer Kinder Sorge und oft Angst macht, von seiten vieler Lehrer, die die traurige Erfahrung des Niedergangs an ihren Schulen machen, von seiten der Gesellschaft als ganzer, die die Grundlagen des Zusammenlebens in Frage gestellt sieht. Es kommt auch aus den Herzen der Jugendlichen und jungen Erwachsenen selbst, die angesichts der Herausforderungen des Lebens nicht

alleingelassen werden wollen. Wer an Jesus Christus glaubt, hat darüber hinaus noch einen weiteren und stärkeren Grund, keine Angst zu haben: Er weiß, daß Gott uns nicht verläßt, daß seine Liebe uns erreicht, wo wir sind und wie wir sind, mit unserem Elend und unseren Schwächen, um uns eine neue Möglichkeit des Guten zu schenken.

(...) um meine Reflexionen konkreter zu machen, kann es hilfreich sein, einige allgemeine Erfordernisse einer echten Erziehung aufzuzeigen. Sie bedarf vor allem jener Nähe und jenes Vertrauens, die aus der Liebe entstehen: Ich denke dabei an jene erste und grundlegende Erfahrung der Liebe, die die Kinder bei ihren Eltern machen oder wenigstens machen sollten. Aber jeder wahre

Erzieher weiß, daß er, um zu erziehen, etwas von sich selbst geben muß und daß er nur so seinen Schülern helfen kann, die Egoismen zu überwinden und ihrerseits zu echter Liebe fähig zu werden.

Bereits im kleinen Kind ist außerdem ein großes Verlangen nach Wissen und Verstehen vorhanden, das sich in seinen ständigen Fragen und Bitten um Erklärung zeigt. Wenn die Erziehung sich daher darauf beschränken würde, Kenntnisse und Informationen zu vermitteln, aber die große Frage nach der Wahrheit beiseite ließe, vor allem nach jener Wahrheit, die uns im Leben leiten kann, wäre sie eine sehr dürftige Erziehung.

Auch das Leiden gehört zur Wahrheit unseres Lebens. Wenn wir daher versuchen, die Kinder von jeder Schwierigkeit und Erfahrung des Schmerzes abzuschirmen, dann laufen wir Gefahr, trotz unserer guten Absichten schwache und wenig großherzige Menschen heranwachsen zu lassen, denn die Fähigkeit zu lieben entspricht der Fähigkeit zu leiden – und gemeinsam zu leiden.

So kommen wir, liebe Freunde von Rom, zum vielleicht heikelsten Punkt der Erziehungsarbeit: das richtige Gleichgewicht zu finden zwischen der Freiheit und der Disziplin. Ohne Verhaltens- und Lebensregeln, die Tag für Tag auch in den kleinen Dingen zur Anwendung kommen, bildet sich der Charakter nicht aus, und es findet keine Vorbereitung auf die Prüfungen statt, die in Zukunft nicht fehlen werden. Die Erziehung ist jedoch vor allem eine Begegnung in Freiheit, und die gelungene Erziehung ist die Ausbildung zum rechten Gebrauch der Freiheit. Das Kind wächst nach und nach zum Jugendlichen und dann zum jungen Erwachsenen heran; wir müssen also das Risiko der Freiheit eingehen, aber stets darauf bedacht sein, ihm zu helfen, falsche Ideen und Entscheidungen zu korrigieren. Wir dürfen dagegen nie seine Fehler unterstützen oder so tun, als würden wir sie nicht sehen, oder schlimmer noch sie mit ihm teilen, so als seien sie die neuen Horizonte des menschlichen Fortschritts.

Die Erziehung kann daher nicht auf ein gutes Ansehen verzichten, das die Ausübung der Autorität glaubwürdig macht. Es ist Frucht der Erfahrung und des Sachverstands, aber man erwirbt es vor allem durch die Konsequenz des eigenen Lebens und durch persönlichen Einsatz als Ausdruck der wahren Liebe. Der Erzieher ist also ein Zeuge der Wahrheit und des Guten: Gewiß, auch er ist schwach und kann Fehler machen, aber er wird immer wieder versuchen, mit seiner Sendung in Einklang zu stehen.

(...) aus diesen einfachen Überlegungen geht hervor, daß in der Erziehung das Verantwortungsbewußtsein entscheidend ist: die Verantwortung des Erziehers natürlich, aber auch und mit zunehmendem Alter in immer größerem Maße die Verantwortung des Kindes, des Schülers, des jungen Erwachsenen, der in die Arbeitswelt eintritt. Verantwortlich ist, wer sich selbst und den anderen zu antworten vermag. Wer glaubt, versucht darüber hinaus und in erster Linie Gott zu antworten, der ihn zuerst geliebt hat.

Die Verantwortung ist zunächst einmal persönlich, aber es gibt auch eine Verantwortung, die wir gemeinsam tragen, als Einwohner derselben Stadt und Angehörige einer Nation, als Mitglieder der Menschheitsfamilie und, wenn wir Gläubige sind, als Kinder des einen Gottes und Glieder der Kirche. In Wirklichkeit haben die Ideen, die Lebensstile, die Gesetze, die Gesamtausrichtung der Gesellschaft, in der wir leben, sowie das Bild, das sie von sich selbst durch die Medien vermittelt, einen großen Einfluß auf die Ausbildung der jungen Generationen – zum Guten, aber oft auch zum Schlechten. Die Gesellschaft ist jedoch nichts Abstraktes; letztendlich sind die Gesellschaft wir selbst, alle zusammen, mit den Ausrichtungen, den Regeln und den Vertretern, die wir uns geben, obgleich die Rollen und die Verantwortlichkeiten eines jeden unterschiedlich sind. Es bedarf daher des Beitrags eines jeden von uns, jeder Person, Familie oder Gesellschaftsgruppe, damit die Gesellschaft (...) zu einem positiveren Umfeld für die Erziehung werde.

(...) Die Seele der Erziehung sowie des ganzen Lebens kann nur eine verläßliche Hoffnung sein. Heute ist unsere Hoffnung von vielen Seiten bedroht, und wir laufen Gefahr, wie die Heiden der Antike selbst wieder Menschen „ohne Hoffnung und ohne Gott in der Welt" zu werden, wie der Apostel Paulus an die Christen von Ephesus schrieb (Eph 2,12). Gerade hieraus entsteht die vielleicht größte Schwierigkeit für eine echte Erziehungsarbeit, denn die Erziehungskrise wurzelt in einer Krise des Vertrauens in das Leben.

Erziehung und Medien

Die komplexen Herausforderungen, denen die Erziehung heute begegnen muß, stehen oft in Verbindung mit dem zunehmenden Einfluß der Medien in unserer Welt. Als Aspekt des Phänomens der Globalisierung – und begünstigt durch die schnelle technologische Entwicklung – prägen die Medien die kulturelle Umwelt (vgl. Papst Johannes Paul II., Apostolisches Schreiben Die schnelle Entwicklung, 3). In der Tat gibt es Stimmen, die sagen, daß der Einfluß der Medien im Erziehungsprozeß dem von Schule, Kirche und – vielleicht sogar – Familie gleichkommt. „Für viele Menschen entspricht die Wirklichkeit dem, was die Medien als wirklich ausgeben" (Päpstlicher Rat für die Sozialen Kommunikationsmittel, Aetatis Novae, 4).

Das Verhältnis von Kindern, Medien und Erziehung kann aus zwei Perspektiven betrachtet werden: der Erziehung der Kindern durch die Medien und der Erziehung der Kindern dazu, den Medien angemessen zu begegnen. Es ergibt sich eine Art Reziprozität, die auf die Verantwortung der Medien-Wirtschaft und auf die Notwendigkeit aktiver, kritischer Beteiligung von Lesern, Zuschauern und Zuhörern hinweist. In diesem Rahmen ist die Einübung des angemessenen Umgangs mit den Medien von wesentlicher Bedeutung für die kulturelle, moralische und geistliche Entwicklung der Kinder.

Wie wird das Gemeinwohl geschützt und gefördert? Kinder zur Unterscheidungsfähigkeit in der Nutzung der Medien zu erziehen ist die Verantwortung von Eltern, Kirche und Schule. Die Rolle der Eltern ist von vorrangiger Bedeutung. Sie haben das Recht und die Pflicht, die kluge Nutzung der Medien sicherzustellen, indem sie das Gewissen ihrer Kinder bilden, um zu gesunden und objektiven Urteilen zu kommen, die sie dann bei der Wahl oder Zurückweisung verfügbarer Programme leiten (vgl. Papst Johannes Paul II., Apostolisches Schreiben Familiaris Consortio, 76). Dabei sollten die Eltern Ermutigung und Hilfe von den Schulen und Pfarreien erhalten, um sicherzustellen, daß dieser schwierige, wenn auch lohnende Aspekt der Elternschaft von einer größeren Gemeinschaft unterstützt wird.

Medienerziehung sollte positiv sein. Wenn man Kindern das, was ästhetisch und moralisch herausragend ist, vermittelt, hilft man ihnen, Wertschätzung, Klugheit und Urteilsvermögen zu entwickeln. Hier ist es wichtig, den fundamentalen Wert des Vorbilds der Eltern zu erkennen und den Nutzen, junge Menschen in die klassische Jugendliteratur für Kinder, die schönen Künste und wertvolle Musik einzuführen. Während populäre Literatur stets ihren Platz im Kulturleben haben wird, sollte der Versuchung zur Sensationalisierung an Lernorten nicht passiv nachgegeben werden. Schönheit, eine Art Spiegel des Göttlichen, inspiriert und belebt Herz und Geist junger Menschen, während Häßlichkeit und Vulgarität eine erniedrigende Wirkung auf Einstellungen und Verhalten haben.

Wie Erziehung im allgemeinen so erfordert Medienerziehung eine Heranbildung zur Ausübung von Freiheit. Das ist eine anspruchsvolle Aufgabe. Sehr oft wird Freiheit als unablässige Suche nach Vergnügen und neuen Erfahrungen dargestellt. Aber das ist eine Verdammung, keine Befreiung! Wahre Freiheit könnte niemals den einzelnen – besonders das Kind – zu einer unersättlichen Suche nach Neuigkeiten verurteilen. Im Licht der Wahrheit wird echte Freiheit als endgültige Antwort auf Gottes „Ja" zur Menschheit erfahren, das uns dazu beruft, nicht unüberlegt, sondern aus freiem Willen all das, was gut, wahr und schön ist, zu wählen. So führen die Eltern ihre Kinder in die tiefe Freude des Lebens ein, wenn sie als Hüter dieser Freiheit ihren Kindern schrittweise größere Freiheit einräumen (vgl. Ansprache an das V. Welttreffen der Familien, Valencia, 8. Juli 2006).

Der von Herzen kommende Wunsch von Eltern und Lehrern, die Kinder nach den Werten des Schönen, Wahren und Guten zu erziehen, kann von der Medienwirtschaft nur in dem Maß unterstützt werden, in dem sie die grundlegende Menschenwürde, den wahren Wert von Ehe und Familienleben sowie die positiven Errungenschaften und Ziele der Menschheit fördert. Daher wird die Notwendigkeit, daß die Medien effektiver Bildung und ethischen Standards verpflichtet sind, nicht nur von Eltern und Lehrern mit besonderem Interesse und sogar Nachdruck gesehen, sondern auch von allen, die einen Sinn für gesellschaftliche Verantwortung haben.

Obwohl festzustellen ist, daß viele Menschen, die in den Medien tätig sind, den Wunsch haben, zu tun, was richtig ist (vgl. Päpstlicher Rat für die Sozialen Kommunikationsmittel, Ethik in der Sozialen Kommunikation, 4), müssen wir ebenfalls feststellen, daß die in den Medien Tätigen besonderem psychologischen Druck und ethischen Dilemmata (vgl. Aetatis Novae, 19) ausgesetzt sind, weil gelegentlich der wirtschaftliche Wettbewerb Medienschaffende zu niedrigeren Standards drängt. Jeder Trend, Programme – einschließlich Filme und Videospiele – zu produzieren, die im Namen der Unterhaltung Gewalt verherrlichen und antisoziales Verhalten oder die Banalisierung menschlicher Sexualität darstellen, ist eine Perversion – um so abstoßender, wenn diese Programme für Kinder oder Jugendliche gemacht werden. Wie kann man diese „Unterhaltung" den zahllosen jungen Menschen erklären, die unter Gewalt, Ausbeutung und Mißbrauch leiden? Diesbezüglich würde jeder gut daran tun, über den Gegensatz zwischen Christus – der „die Kinder in seine Arme nahm, ihnen die Hände auflegte und sie segnete" (Mk 10,16) – und demjenigen nachzudenken, der „einen von diesen Kleinen zum Bösen verführt"

und für den es besser wäre, „man würde ihn mit einem Mühlstein um den Hals ins Meer werfen" (Lk 17,2). Ich appelliere erneut an die Verantwortlichen der Medienwirtschaft, die Produzenten anzuleiten und zu ermutigen, das Gemeinwohl zu schützen, die Wahrheit zu bekräftigen, die Menschenwürde jedes einzelnen zu verteidigen und die Achtung vor den Bedürfnissen der Familie zu fördern.

Die Weitergabe des Glaubens in der Familie

Wie es in der Taufliturgie durch die Übergabe der brennenden Kerze symbolisch ausgedrückt wird, sind die Eltern beteiligt am Geheimnis des neuen Lebens als Kinder Gottes, das durch das Taufwasser empfangen wird.

Den Kindern den Glauben weiterzugeben, mit der Hilfe anderer Menschen und Institutionen wie der Pfarrgemeinde, der Schule oder den katholischen Vereinigungen, ist eine Verantwortung, welche die Eltern weder vergessen noch vernachlässigen oder völlig delegieren dürfen. „Die christliche Familie wird auch ‚Hauskirche' genannt, weil die Familie die gemeinschaftliche und familiäre Natur der Kirche als Familie Gottes ausdrückt und verwirklicht. Alle Glieder der Familie üben gemäß der je eigenen Rolle das durch die Taufe erworbene Priestertum aus und tragen dazu bei, daß aus der Familie eine Gnadenund Gebetsgemeinschaft wird, eine Schule der menschlichen und christlichen Tugenden und ein Ort der ersten Verkündigung des Glaubens an die Kinder" (Katechismus der katholischen Kirche. Kompendium, 350). Und weiter: „Die Eltern, die an der göttlichen Vaterschaft teilhaben, sind für die Kinder die Erstverantwortlichen in der Erziehung und die ersten Glaubensboten. Sie haben die Pflicht, ihre Kinder als Personen und als Kinder Gottes zu lieben und zu achten … Insbesondere haben sie die Aufgabe, sie im christlichen Glauben zu erziehen" (ebd., 460).

Die Sprache des Glaubens erlernt man im Elternhaus, wo dieser Glaube wächst und durch Gebet und christliche Praxis gestärkt wird. [Das „Shema Israel", das wiederholte Gebet für das auserwählte Volk aus dem Buch Deuteronomium, hat auch Jesus in seinem Haus in Nazareth gehört und wiederholt.] Er selbst hat sich in seinem öffentlichen Leben daran erinnert, wie uns das Markusevangelium berichtet (vgl. Mk 12,29). Dies ist der Glaube der Kirche, der von der Liebe Gottes

kommt, durch eure Familien. Die Fülle dieses Glaubens in seiner wunderbaren Neuheit zu leben, ist ein großes Geschenk. Doch in Augenblicken, in denen sich Gottes Antlitz zu verbergen scheint, ist es schwer zu glauben und kostet große Mühe.

Erziehung zu Glaube, Nachfolge und Zeugnis

Zum Glauben, zur Nachfolge und zum Zeugnis erziehen bedeutet, unseren Brüdern oder besser einander zu helfen, in eine lebendige Beziehung mit Christus und mit dem Vater einzutreten. Das war von Anfang an die wesentliche Aufgabe der Kirche als Gemeinschaft der Gläubigen, der Jünger und der Freunde Jesu. Die Kirche – Leib Christi und Tempel des Heiligen Geistes – ist jene vertrauenswürdige Gemeinschaft, aus der wir hervorgehen und in der wir erzogen werden, um in Christus Kinder und Erben Gottes zu werden. In ihr empfangen wir den Geist, „in dem wir rufen: Abba, Vater!" (Röm 8,14–17). [Der hl. Augustinus sagt in einer Predigt,] daß Gott nicht fern ist, daß er der „Weg" geworden ist und daß der „Weg" selbst zu uns gekommen ist. Er sagt: „Steh auf, du Faulenzer, und mache dich auf den Weg!" Sich auf den Weg machen bedeutet, in der Gemeinschaft der Gläubigen auf dem „Weg" voranzuschreiten, der Christus selbst ist. Es bedeutet, voranzugehen und uns dabei gegenseitig zu helfen, wirklich Freunde Jesu Christi und Kinder Gottes zu werden.

Die tägliche Erfahrung lehrt uns – und das wissen wir alle –, daß die Erziehung zum Glauben gerade in unseren Tagen nicht einfach ist. Jede Erziehungsarbeit scheint heute in Wirklichkeit immer schwieriger und unzulänglicher zu werden. Daher ist die Rede von einem großen „Erziehungsnotstand", von den immer größeren Schwierigkeiten, die die Weitergabe der Grundwerte des Lebens und eines aufrichtigen Verhaltens an die jungen Generationen bereitet. Diese Schwierigkeiten gibt es in der Schule ebenso wie in der Familie und wohl auch in jeder anderen Einrichtung, die sich erzieherische Ziele setzt. Wir können hinzufügen, daß es sich um einen Notstand handelt, der unvermeidlich ist, denn in einer Gesellschaft und in einer Kultur, die aus dem Relativismus nur allzu oft ihr Credo macht – der Relativismus ist zu einer Art Dogma geworden –, in solch einer Gesellschaft fehlt das Licht der Wahrheit. Von Wahrheit zu sprechen, wird sogar als gefährlich, als „autoritär" betrachtet, und am Ende zweifelt man daran, daß das Leben gut ist – Ist es

gut, ein Mensch zu sein? Ist es gut zu leben? –, und man zweifelt am Wert der Beziehungen und der Verpflichtungen, die das Leben bestimmen. Wie soll man unter diesen Umständen als einzelner oder als Gemeinschaft den jungen Menschen etwas vermitteln können, was wertvoll und gewiß ist, und es von Generation zu Generation weiter-

geben – Lebensregeln, den wahren Sinn des menschlichen Lebens und überzeugende Ziele? Daher gibt es die weitverbreitete Tendenz, die Erziehung auf die Weitergabe bestimmter Fähigkeiten oder Fertigkeiten zu beschränken. Den Wunsch der jungen Generationen, glücklich zu sein, versucht man dadurch zu kompensieren, daß man sie mit

Konsumprodukten überhäuft und ihnen kurzlebige Freuden verschafft. So geraten sowohl die Eltern als auch die Lehrer leicht in die Versuchung, sich ihrer Erziehungspflicht zu entziehen, und verstehen nicht einmal mehr, welche Rolle oder besser gesagt Sendung ihnen anvertraut ist. Aber so geben wir den Jugendlichen, den jungen Generationen, nicht das, was wir ihnen vermitteln sollen. Wir schulden ihnen auch die wahren Werte, die dem Leben eine Grundlage geben.

Aber dieser Zustand ist natürlich unbefriedigend und muß unbefriedigend sein, weil er das wesentliche Ziel der Erziehung außer acht läßt: die Ausbildung des Menschen, damit dieser in Fülle leben und zum Wohl der Gemeinschaft beitragen kann. Von mehreren Seiten wird daher der Ruf nach wahrer Erziehung immer lauter, und man verspürt wieder den Bedarf an Erziehern, die wirkliche Erzieher sind. Dieser Ruf kommt von seiten der Eltern, denen die Zukunft ihrer Kinder Sorge und oft Angst macht, von seiten vieler Lehrer, die die traurige Erfahrung des sittlichen Niedergangs an ihren Schulen machen, und von seiten der Gesellschaft als ganzer (…), weil sie durch die Erziehungskrise die Grundlagen des Zusammenlebens in Frage gestellt sieht. In einem solchen Zusammenhang tragen die Bemühungen der Kirche um eine Erziehung zum Glauben, zur Nachfolge

und zum Zeugnis Jesu, des Herrn, mehr denn je auch dazu bei, unsere Gesellschaft aus der auf ihr lastenden Erziehungskrise herauszuführen, indem sie das Mißtrauen und jenen seltsamen „Selbsthaß", der ein Charakterzug unserer Gesellschaft geworden zu sein scheint, eindämmt.

Dadurch werden jedoch die Schwierigkeiten, denen wir begegnen, wenn wir die Kinder und Jugendlichen zur Begegnung mit Jesus Christus und zum Aufbau einer dauerhaften und tiefen Beziehung mit ihm führen, nicht geringer. Und dennoch ist es die entscheidende Herausforderung für die Zukunft des Glaubens, der Kirche und des Christentums und daher eine grundlegende Priorität unserer Pastoralarbeit, die junge Generation, die in einer Gott zum großen Teil fernstehenden Welt lebt, näher zu Christus und zum Vater zu bringen. (…) wir müssen uns stets bewußt sein, daß wir ein solches Werk nicht aus eigenen Kräften vollbringen können, sondern nur durch die Kraft des Heiligen Geistes. Es bedarf des Lichtes und der Gnade, die von Gott kommen und die im Innersten des Herzens und des Gewissens wirken. Für die christliche Erziehung und Ausbildung ist daher vor allem das Gebet und unsere persönliche Freundschaft mit Jesus entscheidend: Nur wer Jesus kennt und liebt, kann seine Brüder in eine lebendige Beziehung mit ihm hineinführen.

Und gerade diese Notwendigkeit hat mich auf den Gedanken gebracht, daß es nützlich wäre, ein Buch zu schreiben, das hilft, Jesus kennenzulernen. Wir dürfen niemals vergessen, was Jesus gesagt hat: Ich habe „euch Freunde genannt; denn ich habe euch alles mitgeteilt, was ich von meinem Vater gehört habe. Nicht ihr habt mich erwählt, sondern ich habe euch erwählt und dazu bestimmt, daß ihr euch aufmacht und Frucht bringt und daß eure Frucht bleibt" (Joh 15,15–16). Daher werden unsere Gemeinschaften dann fruchtbringend wirken und zum Glauben und zur Nachfolge Christi erziehen, wenn sie selbst echte „Schulen" des Gebets sind (vgl. Apostolisches Schreiben Novo millennio ineunte, 33), in denen der Primat Gottes gelebt wird.

Die Erziehung, insbesondere die christliche Erziehung, also die Erziehung dazu, das eigene Leben nach dem Vorbild Gottes zu gestalten, der die Liebe ist (vgl. 1 Joh 4,8.16), braucht jene Nähe, die für die Liebe eigentümlich ist. Vor allem in der heutigen Zeit, in der Isolierung und Einsamkeit weit verbreitete Phänomene sind, gegen die auch Lärm und Gruppenkonformismus keine wirkliche Abhilfe schaffen können, ist die persönliche Begleitung wichtig, die den Heranwachsenden die Gewißheit schenkt, geliebt, verstanden und angenommen zu sein. Durch die Begleitung sollen sie die konkrete Erfahrung machen können, daß unser Glaube nicht der Vergangenheit angehört, daß er im Heute gelebt werden kann und daß wir, wenn wir ihn leben, wirklich unser Glück finden. So kann den jungen Menschen geholfen werden, sich von weit verbreiteten Vorurteilen zu befreien, und sie können sich bewußt werden, daß die christliche Lebensform realisierbar und vernünftig ist, ja sogar bei weitem die vernünftigste. Die ganze christliche Gemeinschaft in ihren verschiedenen Untergliederungen und Bestandteilen muß sich an der großen Aufgabe beteiligen, die jungen Generationen zur Begegnung mit Christus zu führen. Auf diesem Gebiet muß daher unsere Gemeinschaft mit dem Herrn und untereinander, unsere Bereitschaft zur Zusammenarbeit, zur „Vernetzung", zum fruchtbringenden Zusammenwirken mit offenem und aufrichtigem Herzen besonders deutlich zum Ausdruck kommen, angefangen bei dem wertvollen Beitrag jener Frauen und Männer, die ihr Leben der Anbetung Gottes und der Fürsprache für die Brüder geweiht haben.

Es ist jedoch einsichtig, daß bei der Erziehung und Ausbildung im Glauben der Familie eine eigene und wesentliche Sendung und vorrangige Verantwortung zukommt. Durch die Eltern nämlich erblickt das Kind das Licht des Lebens und macht die erste und entscheidende Erfahrung der Liebe, einer Liebe, die in Wirklichkeit nicht nur menschliche Liebe ist, sondern ein Widerschein der Liebe Gottes zu ihm. Daher müssen die christliche Familie, die kleine „Hauskirche" (vgl. Lumen gentium, 11), und die größere Familie der Kirche vor allem im Hinblick auf die Kindererziehung eng zusammenarbeiten. (…) Zum Beispiel haben die Versuche, die Eltern und Paten vor und nach der Taufe stärker einzubeziehen, um ihnen dabei zu helfen, ihre Sendung als Erzieher im Glauben zu verstehen und zu erfüllen, bereits zu guten Ergebnissen geführt und verdienen es, fortgesetzt und Gemeingut jeder Pfarrei zu werden. Dasselbe gilt für die Teilnahme der Familien an der Katechese und am ganzen Weg der christlichen Initiation der Kinder und Jugendlichen.

Gewiß sind viele Familien auf eine solche Aufgabe nicht vorbereitet, und es gibt auch diejenigen, die an einer christlichen Erziehung ihrer Kinder nicht interessiert sind oder die sogar dagegen sind. Hier werden auch die Folgen der Krise spürbar, in der sich viele Ehen befinden. Selten begegnet man jedoch Eltern, denen die menschliche und sittliche Erziehung ihrer Kinder vollkommen gleichgültig ist und die daher nicht bereit sind, sich bei der Erziehungsarbeit helfen zu lassen, die als immer schwieriger empfunden wird. Es tut sich daher ein Raum auf, in dem der Einsatz und der Dienst unserer Pfarrgemeinden,

Oratorien, Jugendgruppen und vor allem der christlichen Familien selbst gefordert ist. Diese sind dazu aufgerufen, anderen Familien zur Seite zu stehen, um ihnen Halt zu geben und sie bei der Kindererziehung zu unterstützen, um ihnen zu helfen, den Sinn und Zweck des Ehelebens wiederzufinden. Wir gehen jetzt über zu anderen Themen hinsichtlich der Erziehung zum Glauben.

Mit zunehmendem Alter wird natürlich in den Jugendlichen der Wunsch nach persönlicher Unabhängigkeit immer stärker, der besonders bei Heranwachsenden leicht zu einer kritischen Distanzierung von der eigenen Familie führt. Jetzt ist die Nähe des Priesters, der Ordensfrau, des Katecheten oder anderer Erzieher, die dem Jugendlichen die Freundschaft der Kirche und die Liebe Christi konkret vermitteln können, besonders wichtig. Um positive und dauerhafte Auswirkungen zu haben, muß diese Nähe von dem Bewußtsein geprägt sein, daß die Erziehung eine Begegnung in Freiheit ist und daß die christliche Erziehung selbst Ausbildung zur wahren Freiheit ist. Es gibt in der Tat kein wahres Erziehungsangebot, das nicht zu einer Entscheidung ermutigte, auch wenn dies respektvoll und liebevoll geschehen muß, und das christliche Angebot hinterfragt die Freiheit bis auf den Grund und ruft sie zum Glauben und zur Umkehr auf. In Verona habe ich auf dem Kongreß der

katholischen Kirche in Italien gesagt: „Wahre Erziehung muß wieder Mut machen zu endgültigen Entscheidungen, die heute als Bindungen betrachtet werden, die unsere Freiheit beschneiden, die aber in Wirklichkeit unverzichtbar sind, um zu wachsen und etwas Großes im Leben zu erreichen, und insbesondere um die Liebe in ihrer ganzen Schönheit heranreifen zu lassen: um also der Freiheit selbst Beständigkeit und Bedeutung zu verleihen". (Ansprache an die Kongreßteilnehmer am 19. Oktober 2006; in O.R. dt., Nr. 43, 27.10.2006, S. 8). Wenn die Jugendlichen spüren, daß sie in ihrer Freiheit geachtet und ernstgenommen werden, dann sind sie trotz ihres Wankelmuts und ihrer Schwachheit durchaus bereit, sich von anspruchsvollen Angeboten hinterfragen zu lassen, und sie fühlen sich von diesen sogar angezogen und sind oft fasziniert. Sie wollen auch ihre Großherzigkeit zeigen in der Hingabe an die großen und ewigen Werte, die dem Leben zugrunde liegen.

Der wahre Erzieher nimmt auch die intellektuelle Neugierde ernst, die bereits bei Kindern vorhanden ist und die im Laufe der Jahre stärker ins Bewußtsein tritt. Der junge Mensch von heute, der durch die Informationsvielfalt und die gegensätzlichen Ideen und Erklärungen, die ihm ständig geboten werden, herausgefordert wird und oft verwirrt ist, trägt dennoch ein großes Bedürfnis nach

Wahrheit in sich. Daher ist er offen für Jesus Christus, denn dieser hat, wie Tertullian in Erinnerung ruft, „gesagt, ‚ich bin die Wahrheit‘, nicht, ich bin die Gewohnheit" (De virginibus velandis, I,1). Wir müssen versuchen, die Frage nach der Wahrheit zu beantworten, indem wir ohne Ängste das Angebot des Glaubens der Vernunft unserer Zeit gegenüberstellen. So können wir den jungen Menschen helfen, ihren geistigen Horizont zu erweitern, sich zu öffnen gegenüber dem Geheimnis Gottes, der dem Leben Sinn und Orientierung gibt, und den Einfluß einer Rationalität zu überwinden, die nur den Dingen Vertrauen schenkt, die Gegenstand von Experimenten und Berechnungen sein können. Daher ist es sehr wichtig, eine „Pastoral der Intelligenz" (…) zu entfalten.

Die Erziehungsarbeit findet durch die Freiheit statt, aber sie braucht auch Autorität. Daher steht besonders bei der Erziehung zum Glauben die Gestalt des Zeugen und die Rolle des Zeugnisses im Mittelpunkt. Der Zeuge Christi gibt nicht einfach nur Informationen weiter, sondern er hat eine persönliche Beziehung zur Wahrheit, die er anbietet, und durch die Konsequenz seines eigenen Lebens wird er zum glaubwürdigen Bezugspunkt. Er verweist jedoch nicht auf sich selbst, sondern auf einen, der unendlich viel größer ist als er selbst, dem er vertraut und dessen zuverlässige Güte

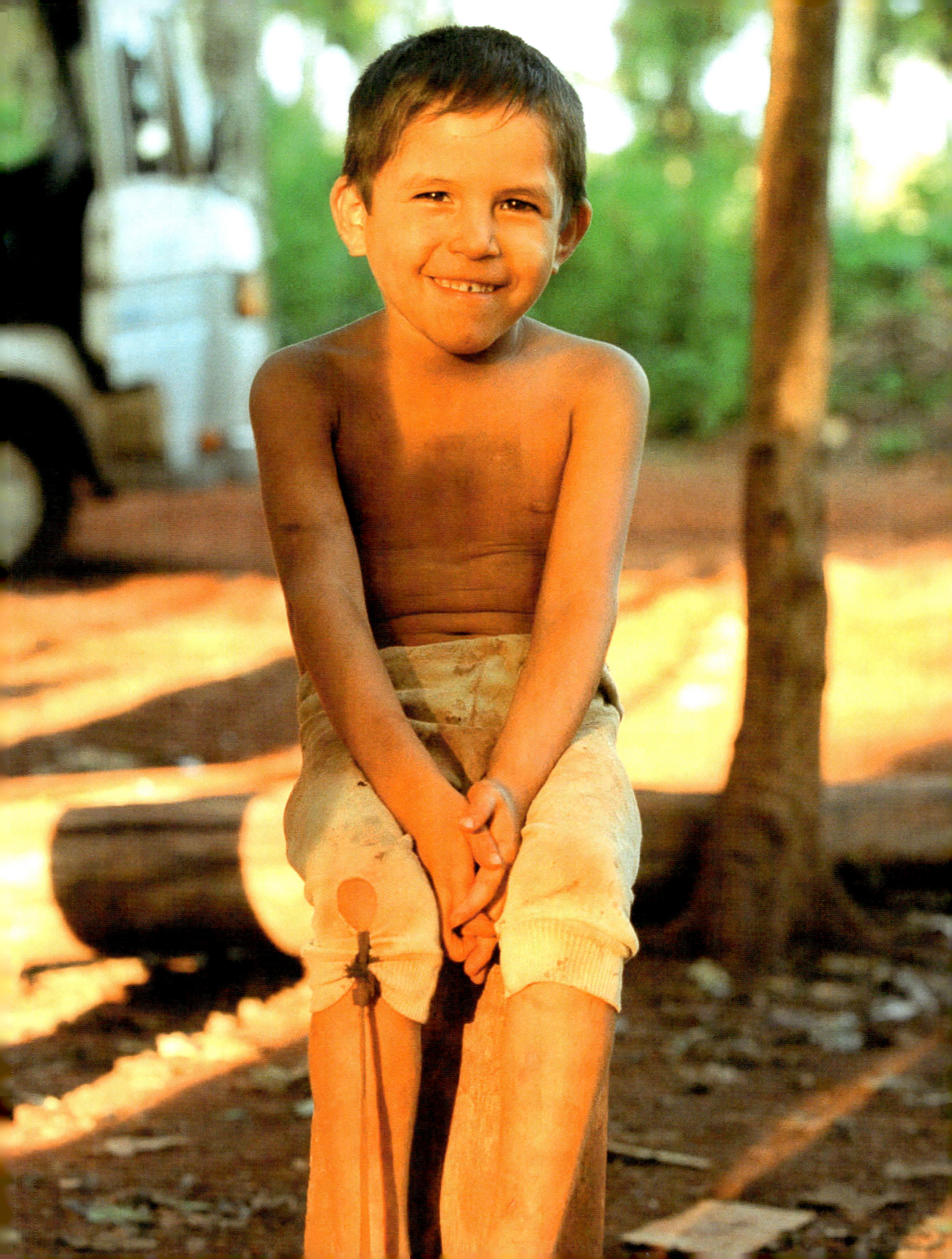

er erfahren hat. Der wahre christliche Erzieher ist also ein Zeuge, dessen Vorbild Jesus Christus ist, der Zeuge des Vaters, der nichts im eigenen Namen tat, sondern das sagte, was ihn der Vater gelehrt hatte (vgl. Joh 8,28). Diese Beziehung zu Christus und zum Vater ist für jeden von uns, liebe Brüder und Schwestern, die Grundbedingung, um fruchtbringende Erzieher im Glauben zu sein.

(…) Nicht nur die Priester, die Ordensfrauen und die Laien, die in unseren Gemeinden erzieherisch tätig sind, sollen aktiv Zeugnis geben von Christus, sondern auch die Jugendlichen selbst und all diejenigen, die im Glauben erzogen werden. Das Bewußtsein um die eigene Berufung, Zeugen Christi zu werden, ist daher nicht etwas, was später hinzugefügt wird – eine außerhalb der christlichen Erziehung anzusiedelnde Folgeerscheinung, wie man leider oft geglaubt hat und auch heute noch glaubt –, sondern es ist im Gegenteil eine Dimension, die der Erziehung zum Glauben und zur Nachfolge als wesentliches Element innewohnt, so wie die Kirche ihrem Wesen nach „missionarisch" ist (vgl. Ad gentes, 2). Von der frühen Kindeserziehung an und dann bis hin zur ständigen Ausbildung der erwachsenen Christen muß also der Wille und die Überzeugung, in allen Lebenslagen an der missionarischen Berufung der Kirche teilzuhaben, im Herzen der Gläubigen fest verankert

werden. Wir können nämlich die Freude am Glauben nicht für uns behalten, wir müssen sie mitteilen und weitergeben, und sie so auch in unseren Herzen stärken. Wenn der Glaube wirklich zur Freude wird, die Wahrheit und die Liebe gefunden zu haben, dann muß man einfach den Wunsch verspüren, ihn weiterzugeben ihn den anderen zu vermitteln. Die Neuevangelisierung, zu der unser geliebter Papst Johannes Paul II. uns aufgerufen hat, findet zu einem großen Teil auf diesem Weg statt. (…)

Stärker als in der Vergangenheit stehen Erziehung und Bildung des Menschen heute unter dem Einfluß der Botschaften und des weit verbreiteten Klimas, die von den Massenmedien vermittelt werden. Diese orientieren sich an einer Mentalität und an einer Kultur, die geprägt sind vom Relativismus, vom Konsumismus und von einer falschen und destruktiven Verherrlichung, oder besser Entweihung, des Körpers und der Sexualität. Als Christgläubige sagen wir ein klares „Ja" zum Menschen, der von Gott geliebt ist, und eben deshalb können wir der Gesamtausrichtung unserer Gesellschaft, den Tendenzen, die sie beseelen, und den positiven oder negativen Einflüssen, die sie auf die Erziehung der jungen Generationen ausübt, natürlich nicht gleichgültig gegenüberstehen. Bereits die Anwesenheit der Gemeinschaft der Gläubigen, ihr Einsatz im erzieherischen und im kulturellen Bereich und die Botschaft des Glaubens, des Vertrauens und der Liebe, deren Trägerin sie ist, sind in Wirklichkeit ein unschätzbarer Dienst am Gemeinwohl und besonders an den jungen Menschen, die für das Leben erzogen und ausgebildet werden.

Der Weg der christlichen Initiation – eine Chance für die Eltern

Familie, lebe den Glauben und gib ihn weiter!" [Thema des V. Welttreffens der Familien in Valencia 2006]. In vielen heute säkularisierten Gemeinschaften ist für die, die an Christus glauben, die dringendste Notwendigkeit die Erneuerung des Glaubens der Erwachsenen, damit diese in die Lage versetzt werden, ihn den jungen Generationen zu vermitteln. Andererseits kann der Weg der christlichen Initiation der Kinder zu einer günstigen Gelegenheit für die Eltern werden, um sich der Kirche wieder zu nähern und die Schönheit und Wahrheit des Evangeliums immer weiter zu vertiefen. Kurz gesagt, die Familie ist ein lebendiger Organismus, in dem ein gegenseitiger Gabenaustausch stattfindet. Wichtig ist, daß das Wort Gottes, das die Flamme des Glaubens am Leben erhält, niemals fehlt. Mit einer äußerst bedeutsamen Geste entzündet der Vater oder der Pate beim Taufritus eine Kerze an der großen Osterkerze, Symbol des auferstandenen Christus. Dann sagt der Zelebrant, an die Familienangehörigen gewandt: „Christus, das Licht der Welt, hat Ihr Kind erleuchtet. Es soll als Kind des Lichtes leben." Diese Geste bringt die ganze Bedeutung der Weitergabe des Glaubens in der Familie zum Ausdruck. Um wahrhaftig zu sein, muß der Geste das Bemühen der Eltern um eine Vertiefung des eigenen Glaubens vorausgehen und sie begleiten; die Eltern sollen die Flamme des Glaubens durch das Gebet und den regelmäßigen Empfang der Sakramente der Beichte und der Eucharistie neu beleben.

Die Erziehung zu einer Kultur des Lebens

Die Erziehungsaufgabe darf sich (…) nicht auf die fachlichen und berufsbezogenen Seiten beschränken, sondern sie muß alle Aspekte der Person einbeziehen, ihre soziale Seite ebenso wie ihr Streben nach der Transzendenz, das sich in einer seiner edelsten Dimensionen, der Liebe, offenbart.

Die höchsten Werte, in den Herzen der Menschen und im Sozialgefüge verwurzelt, sind gleichsam die Seele der Völker, die sie stark sein läßt in Widrigkeiten, großherzig in der loyalen Zusammenarbeit und hoffnungsvoll im Aufbau einer besseren, lebensvollen Zukunft, in der alle Menschen ohne Ausnahme die Möglichkeit haben, die volle Würde des menschlichen Wesens zu entfalten.

Daher sind die Tendenzen besorgniserregend, durch die versucht wird, den unantastbaren Wert des menschlichen Lebens von der Empfängnis bis zum natürlichen Tod einzuschränken oder es aus seinem natürlichen Umfeld, der menschlichen Liebe in Ehe und Familie, herauszulösen.

Die Kirche fördert eine „Kultur des Lebens", die großherzig ist und Hoffnung schenkt, und dies nicht nur aus Gründen, die eng an ihr Bekenntnis gebunden sind. (…)

Damit verbunden ist ihrer Natur nach die Frage der Familie – der grundlegenden Struktur der Gesellschaft – und der ehelichen Verbindung eines Mannes und einer Frau, die dem Plan entspricht, den der Schöpfer der menschlichen Natur eingeschrieben hat.

Es fehlt nicht an denjenigen, die mittels der Massenmedien den hohen Wert von Ehe und Familie leugnen oder ihn ins Lächerliche ziehen und so Egoismus und Desorientierung fördern anstelle von Großherzigkeit und Opferbereitschaft, die notwendig sind, um diese wahre „Keimzelle" der menschlichen Gemeinschaft lebendig und kraftvoll zu erhalten.

Die Familie zu fördern und ihr bei der Erfüllung ihrer unverzichtbaren Aufgaben zu helfen bedeutet auch, sozialen Zusammenhalt zu gewinnen und vor allem ihre Rechte zu achten, die nicht abgeschwächt werden dürfen angesichts anderer Formen des Zusammenlebens, die sich anmaßen, den Platz der Familie einzunehmen.

Führt die Kinder zu den Quellen! – Ein Appell

Das Lamm, das heißt Jesus, führt die Menschen zu den Quellen des Lebens. Zu diesen Quellen gehört die Heilige Schrift, in der Gott selber zu uns spricht und uns sagt, wie man richtig lebt. Zu diesen Quellen gehört aber dann mehr: Die eigentliche Quelle ist nämlich Jesus selbst, in dem Gott

sich uns schenkt. Und das tut er am meisten in der heiligen Kommunion, in der wir sozusagen direkt am Quell des Lebens trinken können: Er kommt zu uns und vereinigt sich mit einem jeden von uns. Wir können es feststellen: Durch die Eucharistie, das Sakrament der Kommunion, bildet sich eine Gemeinschaft über alle Grenzen und Sprachen hin (…), durch die Kommunion bildet sich die weltweite Kirche, in der Gott mit uns redet und lebt. Und so sollen wir die heilige Kommunion empfangen: als eine Begegnung mit Jesus, mit Gott selber, der uns zu den Quellen des wirklichen Lebens führt.

Liebe Eltern! Ich möchte euch herzlich einladen, euren Kindern glauben zu helfen und sie auf ihrem Weg zur ersten Kommunion, der danach ja weiter geht, auf ihrem Weg zu Jesus und mit Jesus zu begleiten. Bitte, geht mit euren Kindern in die Kirche zur sonntäglichen Eucharistiefeier. Ihr werdet sehen: Das ist keine verlorene Zeit, das hält die Familie richtig zusammen und gibt ihr ihren Mittelpunkt. Der Sonntag wird schöner, die ganze Woche wird schöner, wenn ihr gemeinsam den Gottesdienst besucht. Und bitte, betet auch zu Hause miteinander: beim Essen, vor dem Schlafengehen. Das Beten führt uns nicht nur zu Gott, sondern auch zueinander. Es ist eine Kraft des Friedens und der Freude. Das Leben in der Familie wird festlicher und größer, wenn Gott dabei ist und seine Nähe im Gebet erlebt wird.

Liebe Religionslehrer und Erzieher! Euch bitte ich von Herzen, die Frage nach Gott, nach dem Gott, der sich uns in Jesus Christus gezeigt hat, in der Schule gegenwärtig zu halten. Ich weiß, daß es schwer ist, in unserer pluralistischen Welt den Glauben in der Schule zur Sprache zu bringen. Aber es reicht eben nicht, wenn die Kinder und jungen Menschen in der Schule nur Kenntnisse und technisches Können, aber keine Maßstäbe erlernen, die der Kenntnis und dem Können Richtung und Sinn geben. Regt die Schüler an, nicht nur nach diesem und jenem zu fragen – das ist auch gut – aber zu fragen vor allem auch nach dem Woher und dem Wohin unseres Lebens. Helft ihnen zu erkennen, daß alle Antworten, die nicht bis zu Gott hinkommen, zu kurz sind.

Liebe Seelsorger und alle, die in der Pfarrgemeinde helfend tätig sind! Euch bitte ich, alles zu tun, damit die Pfarrei eine innere Heimat für die Menschen wird – eine große Familie, in der wir zugleich die nochgrößere Familie der weltweiten Kirche erleben – durch den Gottesdienst, die Katechese und durch alle Weisen des pfarrlichen Lebens miteinander den Weg des wahren Lebens zu gehen lernen.

Alle drei Lernorte – Familie, Schule, Pfarrgemeinde – gehören zusammen und helfen uns, zu den Quellgründen des Lebens zu finden, und, liebe Kinder, liebe Eltern, liebe Erzieher, wir alle wollen doch wahrhaft das Leben in Fülle haben!

Botschaft an die Jugendlichen

„Ihr werdet die Kraft des Heiligen Geistes empfangen, der auf euch herabkommen wird, und ihr werdet meine Zeugen sein" (Apg 1,8)

Es ist] äußerst wichtig, daß jeder von euch Jugendlichen in seiner Gemeinschaft und mit seinen Erziehern im Glauben über diesen Hauptakteur der Heilsgeschichte, der ja der Heilige Geist bzw. der Geist Jesu ist, nachdenken kann, um die folgenden hohen Ziele zu erreichen: die wahre Identität des Heiligen Geistes zu erkennen, vor allem durch das Hören auf das Wort Gottes in der biblischen Offenbarung; ein klares Bewußtsein zu haben von seiner beständigen, aktiven Gegenwart im Leben der Kirche, insbesondere durch die Wiederentdeckung des Heiligen Geistes als „Seele", als lebensnotwendiger Atem des eigenen christlichen Lebens, dank der Sakramente der christlichen Initiation – Taufe, Firmung und Eucharistie; die Fähigkeit zu erlangen, ein immer tieferes und freudigeres Verständnis von Jesus reifen zu lassen und so am Beginn des dritten Jahrtausends zugleich eine wirksame Umsetzung des Evangeliums zu verwirklichen. Gerne biete ich euch mit dieser Botschaft den Entwurf einer Meditation an, die ihr (…) vertiefen sollt und anhand derer ihr die Qualität eures Glaubens an den Heiligen Geist überprüfen könnt, ihn wiederfinden könnt, wenn ihr ihn verloren habt, ihn stärken könnt, wenn er schwach geworden ist, und ihn als Gemeinschaft des Vaters und des Sohnes Jesus Christus genießen könnt, gerade durch das unerläßliche Wirken des Heiligen Geistes. Vergeßt nie, daß die Kirche, ja vielmehr die Menschheit selbst – sowohl die euch jetzt umgebende als auch die zukünftige –, sehr viel von euch Jugendlichen erwartet, denn ihr tragt in euch die höchste Gabe des Vaters: den Geist Jesu.

Die Verheißung des Heiligen Geistes in der Bibel

Das aufmerksame Hören auf das Wort Gottes in bezug auf das Geheimnis und das Wirken des Heiligen Geistes macht uns offen für große und inspirierende Erkenntnisse, die ich in den folgenden Punkten zusammenfassen möchte.

Kurz vor seiner Himmelfahrt, hat Jesus zu seinen Jüngern gesagt: „Und ich werde die Gabe, die mein Vater verheißen hat, zu euch herabsenden" (Lk 24,49). Das wurde am Pfingsttag Wirklichkeit, als sie mit der Jungfrau Maria betend im Obergemach vereint waren. Die Ausgießung des Heiligen Geistes auf die entstehende Kirche war die Erfüllung einer sehr viel älteren Verheißung Gottes, die im ganzen Alten Testament angekündigt und vorbereitet worden war.

Denn schon von den ersten Seiten an stellt die Bibel den Geist Gottes vor als einen Hauch, der „über dem Wasser schwebte" (vgl. Gen 1,2), und verdeutlicht, daß Gott den Lebensatem in die Nase des Menschen blies (vgl. Gen 2,7) und ihm so das Leben einhauchte. Nach der Erbsünde offenbart sich der lebenspendende Geist Gottes mehrmals in der Geschichte der Menschen und erweckt Propheten, um das auserwählte Volk aufzufordern, zu Gott zurückzukehren und seine Gebote treu zu halten. In der berühmten Vision des Propheten Ezechiel belebt Gott mit seinem Geist das Volk Israel wieder, das durch die „ausgetrockneten Gebeine" sinnbildlich dargestellt wird (vgl. 37,1–14). Joël prophezeit eine „Ausgießung des Geistes" über das ganze Volk, ohne Ausnahme. „Danach aber", schreibt der biblische Autor, „wird es geschehen, daß ich meinen Geist ausgieße über alles Fleisch …

Auch über Knechte und Mägde, werde ich meinen Geist ausgießen in jenen Tagen" (3,1–2).

In der „Fülle der Zeit" (vgl. Gal 4,4) verkündet der Engel des Herrn der Jungfrau von Nazareth, daß der Heilige Geist, „die Kraft des Höchsten", auf sie herabkommen und sie überschatten wird. Der, den sie gebären wird, wird deshalb heilig und Sohn Gottes genannt werden (vgl. Lk 1,35). Nach den Worten des Propheten Jesaja wird der Messias derjenige sein, auf dem sich der Geist des Herrn niederlassen wird (vgl. 11,1–2; 42,1). Diese Prophezeiung greift Jesus am Beginn seines öffentlichen Wirkens in der Synagoge von Nazareth auf: „Der Geist des Herrn", verkündete er den staunenden Anwesenden, „ruht auf mir; denn der Herr hat mich gesalbt. Er hat mich gesandt, damit ich den Armen eine gute Nachricht bringe; damit ich den Gefangenen die Entlassung verkünde und den Blinden das Augenlicht; damit ich die Zerschlagenen in Freiheit setze und ein Gnadenjahr des Herrn ausrufe" (Lk 4,18–19; vgl. Jes 61,1–2). An die Anwesenden gerichtet, wird er diese prophetischen Worte auf sich selbst beziehen, indem er bekräftigt: „Heute hat sich das Schriftwort, das ihr eben gehört habt, erfüllt" (Lk 4,21). Und vor seinem Tod am Kreuz wird er mehrmals seinen Jüngern das Kommen des Heiligen Geistes, des „Trösters", ankündigen, dessen Mission es sein wird, Zeugnis von ihm zu geben und den Gläubigen beizustehen, indem er sie lehrt und in die ganze Wahrheit führt (vgl. Joh 14,16–17.25–26; 15,26; 16,13).

Pfingsten als Ausgangspunkt der Mission der Kirche

Bei der Erscheinung Jesu vor seinen Jüngern am Abend des Auferstehungstages „hauchte er sie an und sprach zu ihnen: Empfangt den Heiligen Geist!" (Joh 20,22). Mit noch größerer Kraft kam der Heilige Geist am Pfingsttag auf die Apostel herab: „Da kam plötzlich vom Himmel her ein Brausen", ist in der Apostelgeschichte zu lesen, „wie wenn ein heftiger Sturm daherfährt, und erfüllte das ganze Haus, in dem sie waren. Und es erschienen ihnen Zungen wie von Feuer, die sich verteilten; auf jeden von ihnen ließ sich eine nieder" (2,2–3).

Der Heilige Geist erneuerte die Apostel in ihrem Inneren und erfüllte sie mit einer Kraft, die ihnen Mut gab, furchtlos zu verkünden: „Christus ist gestorben und auferstanden!" Frei von jeglicher Furcht, begannen sie freimütig zu reden (vgl. Apg 2,29; 4,13; 4,29.31). Aus furchtsamen Fischern wurden sie zu mutigen Boten des Evangeliums. Sogar ihre Feinde vermochten nicht zu verstehen, wie „ungelehrte und einfache Leute" (vgl. Apg 4,13) in der

Lage sein konnten, solchen Mut zu zeigen und Widerspruch, Leiden und Verfolgungen mit Freude zu ertragen. Nichts konnte sie aufhalten. Jenen, die sie zum Schweigen bringen wollten, antworteten sie: „Wir können unmöglich schweigen über das, was wir gesehen und gehört haben" (Apg 4,20). So ist die Kirche entstanden, die seit dem Pfingsttag nicht aufgehört hat, die Frohe Botschaft „bis an die Grenzen der Erde" (Apg 1,8) zu verbreiten.

Der Heilige Geist: Seele der Kirche und Ursprung der Gemeinschaft

Um aber die Sendung der Kirche zu verstehen, müssen wir in das Obergemach zurückkehren, wo die Jünger mit Maria, der „Mutter", in Erwartung des verheißenen Heiligen Geistes im Gebet verharrten (vgl. Lk 24,49). An dieser Ikone der entstehenden Kirche muß sich jede christliche Gemeinschaft beständig inspirieren. Die apostolische und missionarische Fruchtbarkeit ist nicht in erster Linie das Ergebnis von klug ausgearbeiteten und „wirksamen" pastoralen Programmen und Methoden, sondern sie ist die Frucht des unaufhörlichen gemeinschaftlichen Gebetes (vgl. Paul VI., Apostolisches Schreiben Evangelii nuntiandi, 75). Die Wirksamkeit der Mission setzt außerdem voraus, daß die Gemeinden eins sind, das heißt „ein Herz und eine Seele" haben (vgl. Apg 2,32), und daß sie bereit sind, Zeugnis zu geben von der Liebe und der Freude, die der Heilige Geist in die Herzen der Gläubigen eingießt (vgl. Apg 2,42). Der Diener Gottes Johannes Paul II. schrieb, daß Mission noch vor aller Aktivität Zeugnis und Ausstrahlung bedeutet (vgl. Enzyklika Redemptoris missio, 26). So geschah es am Anfang des Christentums, als, wie Tertullian schreibt, die Heiden sich bekehrten, weil sie die Liebe sahen, die zwischen den Christen herrschte: „Seht, sagen sie, wie sie einander lieben" (vgl. Apologeticus, 39 §7).

Nach diesem kurzen Blick auf das Wort Gottes in der Bibel lade ich Euch ein zu entdecken, daß der Heilige Geist das höchste Geschenk Gottes an den Menschen ist, das heißt das höchste Zeugnis seiner Liebe zu uns, einer Liebe, die konkreten Ausdruck findet im „Ja zum Leben", das Gott für jedes seiner Geschöpfe will. Dieses „Ja zum Leben" erreicht seine vollkommene Gestalt in Jesus von Nazareth und seinem Sieg über das Böse durch die Erlösung. Vergessen wir in diesem Zusammenhang nie, daß das Evangelium Jesu, gerade durch die Kraft des Heiligen Geistes, sich nicht auf eine reine Feststellung beschränkt, sondern zur „guten Nachricht für die Armen, zur Befreiung für die Gefangenen, zum Augenlicht für die Blinden …" werden will. Das ist es, was sich voller Kraft am Pfingsttag offenbarte und zur Gnade und Aufgabe der Kirche gegenüber der Welt wurde, ihre hauptsächliche Mission.

Wir sind die Früchte dieser Mission der Kirche durch das Wirken des Heiligen Geistes. Wir tragen in uns jenes Siegel der Liebe des Vaters in Jesus Christus, das der Heilige Geist ist. Vergessen wir das nie, weil der Geist des Herrn sich immer an jeden von uns erinnert und vor allem durch euch Jugendliche in der Welt den Wind und das Feuer eines neuen Pfingsten bewirken will.

Der Heilige Geist:
„Innerer Lehrmeister"

Liebe Jugendliche, auch heute wirkt der Heilige Geist weiterhin kraftvoll in der Kirche und seine Früchte sind in dem Maße reich, in dem wir bereit sind, uns seiner erneuernden Kraft zu öffnen. Deshalb ist es wichtig, daß ihn jeder von uns kennt, mit ihm in Beziehung tritt und sich von ihm führen läßt. Aber an diesem Punkt stellt sich natürlich eine Frage: Wer ist der Heilige Geist für mich? Für nicht wenige Christen ist er tatsächlich weiterhin der „große Unbekannte". (…) In unserem Glaubensbekenntnis beten wir: „Ich glaube an den Heiligen Geist, der Herr ist und lebendig macht, der aus dem Vater und dem Sohn hervorgeht" (Glaubensbekenntnis von Nizäa-Konstantinopel). Ja, der Heilige Geist,

der Geist der Liebe des Vaters und des Sohnes, ist Quelle des Lebens, die uns heiligt, „denn die Liebe Gottes ist ausgegossen in unsere Herzen durch den Heiligen Geist, der uns gegeben ist" (Röm 5,5). Dennoch reicht es nicht, ihn nur zu kennen; er muß als Führer unserer Seelen angenommen werden, als „innerer Lehrmeister", der uns in das Geheimnis der Trinität einführt, denn nur er kann uns für den Glauben

offen machen und uns ermöglichen, ihn jeden Tag in Fülle zu leben. Er treibt uns an, den anderen zu begegnen, er entzündet in uns das Feuer der Liebe, er macht uns zu Missionaren der Liebe Gottes.

Ich weiß sehr wohl, was für eine große Wertschätzung und Liebe zu Jesus ihr in eurem Herzen tragt, wie sehr ihr ihm begegnen und mit ihm sprechen wollt. Nun, bedenkt, daß es gerade die Gegenwart des Heiligen Geistes in uns ist, die unsere Person nach der Person des gekreuzigten und auferstandenen Jesus bildet, sie kräftigt und aufbaut. Werden wir also mit dem Heiligen Geist vertraut, um es mit Jesus zu sein.

Die Sakramente der Firmung und der Eucharistie

Aber, so werdet ihr sagen, wie können wir uns vom Heiligen Geist erneuern lassen und in unserem geistlichen Leben wachsen? Wie ihr wißt, lautet die Antwort darauf: Das kann man durch die Sakramente, weil der Glaube durch die Sakramente in uns entsteht und sich kräftigt, vor allem durch die Sakramente der christlichen Initiation: die Taufe, die Firmung und die Eucharistie, die einander ergänzen und untrennbar voneinander sind (vgl. Katechismus der Katholischen Kirche, 1285). Diese Wahrheit über die drei Sakramente, die am Anfang unseres Christseins stehen, wird vielleicht im Glaubensleben nicht weniger Christen vernachlässigt, für die es in der Vergangenheit vollzogene Handlungen sind, die keinen wirklichen Einfluß auf das Heute haben, wie Wurzeln ohne Lebenssaft. Es kommt vor, daß sich manche Jugendliche nach dem Empfang des Sakramentes der Firmung von einem Leben aus dem Glauben entfernen. Und es gibt auch Jugendliche, die dieses Sakrament gar nicht empfangen. Und dennoch geschieht es durch die Sakramente der Taufe, der Firmung und in beständiger Weise durch die Eucharistie, daß der Heilige Geist uns zu Söhnen des Vaters, zu Brüdern und Schwestern Jesu und Gliedern seiner Kirche macht, fähig zu einem wahren Zeugnis für das Evangelium, die Freude des Glaubens genießend.

Deshalb lade ich euch ein, über das nachzudenken, was ich euch hier schreibe. Heute ist es besonders wichtig, das Sakrament der Firmung und seinen Wert für unser geistliches Wachstum wiederzuentdecken. Wer die Sakramente der Taufe und der Firmung empfangen hat, soll sich daran erinnern, daß er „Tempel des Heiligen Geistes " geworden ist: Gott wohnt in ihm. Er soll sich dessen bewußt sein und dafür sorgen, daß der Schatz, der in ihm ist, Früchte der Heiligkeit trägt. Wer getauft ist, aber das Sakrament der Firmung noch nicht empfangen hat, möge sich darauf vorbereiten, es zu empfangen in dem Wissen, daß er so ein „vollendeter" Christ wird, denn die Firmung vervollkommnet die Taufgnade (vgl. KKK, 1302–1304).

Die Firmung verleiht uns eine besondere Kraft, um mit unserem ganzen Leben Gott zu bezeugen und zu verherrlichen (vgl. Röm 12,1); sie macht uns zutiefst

unsere Zugehörigkeit zur Kirche, dem „Leib Christi", bewußt, dessen lebendige, untereinander solidarische Glieder wir sind (vgl. 1 Kor 12,12–25). Wenn er sich vom Heiligen Geist führen läßt, kann jeder Getaufte seinen eigenen Beitrag zum Aufbau der Kirche leisten, dank der Charismen, die er verleiht, denn jedem „wird die Offenbarung des Geistes geschenkt, damit sie anderen nützt" (1 Kor 12,7). Und wenn der Geist handelt, bringt er im Herzen seine Früchte: „Liebe, Freude, Friede, Langmut, Freundlichkeit, Güte, Treue, Sanftmut und Selbstbeherrschung" (Gal 5,22). An alle unter euch, die das Sakrament der Firmung noch nicht empfangen haben, richte ich die herzliche Einladung, sich auf den Empfang vorzubereiten, indem sie ihre Priester um Hilfe bitten. Es ist eine besondere Gelegenheit der Gnade, die der Herr Euch anbietet: Laßt sie euch nicht entgehen!

Ich möchte hier ein Wort über die Eucharistie hinzufügen. Um im christlichen Leben zu wachsen, ist es notwendig, sich mit dem Leib und dem Blut Christi zu nähren: denn wir sind getauft und gefirmt im Hinblick auf die Eucharistie (vgl. KKK, 1322; Nachsynodales Apostolisches Schreiben Sacramentum caritatis, 17). Als „Quelle und Höhepunkt" des kirchlichen Lebens ist die Eucharistie ein „fortwährendes Pfingsten", denn jedesmal wenn wir die heilige Messe feiern, empfangen wir den Heiligen Geist, der uns tiefer mit Christus vereint und uns ihm ähnlich macht. Wenn ihr, liebe Jugendliche, häufig an der Eucharistiefeier teilnehmt, wenn ihr ein wenig eurer Zeit der Anbetung des Allerheiligsten Sakraments widmet, werdet ihr von der Quelle der Liebe, der Eucharistie, die freudige Entschlossenheit erhalten, das Leben der Nachfolge des Evangeliums zu widmen. Zugleich werdet ihr erfahren, daß dort, wo unsere Kräfte nicht ausreichen, es der Heilige Geist ist, der uns verwandelt, uns seine Kraft schenkt und uns zu Zeugen macht, die vom missionarischen Eifer des auferstandenen Christus erfüllt sind.

Die Notwendigkeit und die Dringlichkeit der Mission

Viele Jugendliche blicken angstvoll auf ihr Leben und stellen sich viele Fragen über ihre Zukunft. Sie fragen sich besorgt: Wie soll man sich in eine Welt einfügen, die von zahlreichen und schweren Ungerechtigkeiten und Leiden gezeichnet ist? Wie soll man auf den Egoismus und die Gewalt reagieren, die manchmal das Übergewicht zu haben scheinen? Wie soll man seinem Leben vollen Sinn geben? Wie kann man dazu beitragen, daß die Früchte des Geistes, die wir oben genannt haben – „Liebe, Freude, Friede,

Langmut, Freundlichkeit, Güte, Treue, Sanftmut und Selbstbeherrschung" (Nr. 6) –, diese verletzte und zerbrechliche Welt überfluten, die Welt der Jugendlichen vor allem? Unter welchen Bedingungen kann der Leben schenkende Geist der ersten Schöpfung und vor allem der zweiten Schöpfung, das heißt der Erlösung, die Seele der neuen Menschheit werden? Vergessen wir nicht, daß je größer die Gabe Gottes ist – und die Gabe des Geistes Jesu ist die allergrößte Gabe – , desto größer auch das Bedürfnis der Welt ist, ihn zu empfangen, und deshalb ist die Mission der Kirche, davon glaubhaft Zeugnis zu geben, groß und begeisternd. Und ihr Jugendliche bringt durch den Weltjugendtag in gewisser Weise euren Willen zum Ausdruck, an dieser Mission teilzunehmen. Diesbezüglich liegt es mir am Herzen, liebe Freunde, euch hier an einige grundlegende Wahrheiten zu erinnern, über die ihr nachdenken sollt. Noch einmal wiederhole ich euch, daß nur Christus die tiefste Sehnsucht des menschlichen Herzens erfüllen kann; nur er kann die Menschheit „menschlich" machen und sie zu ihrer „Vergöttlichung " führen. Mit der Macht des Heiligen Geistes gießt er die göttliche Liebe in uns ein, die uns fähig macht, den Nächsten zu lieben, und dazu bereit, ihm zu dienen. Der Heilige Geist erleuchtet, indem er den gekreuzigten und auferstandenen Christus offenbart, er zeigt uns

den Weg, ihm ähnlicher zu werden, das heißt um „Ausdruck und Organ seiner Liebe" (Enzyklika Deus caritas est, 33) zu sein. Und wer sich vom Geist leiten läßt, versteht, daß sich in den Dienst des Evangeliums zu stellen keine fakultative Entscheidung ist, weil er merkt, wie dringend es ist, diese gute Nachricht auch an die anderen weiterzugeben. Dennoch – und daran soll noch einmal erinnert werden – können wir Zeugen Christi nur dann sein, wenn wir uns vom Heiligen Geist führen lassen, der der „Erstbeweger der Evangelisierung" (vgl. Evangelii nuntiandi, 75) und die „Hauptperson der Mission" ist (vgl. Redemptoris missio, 21). Liebe Jugendliche, wie meine verehrten Vorgänger Paul VI. und Johannes Paul II. mehrmals wiederholt haben, ist die Verkündigung des Evangeliums und das Zeugnis des Glaubens heute dringlicher denn je (vgl. Redemptoris missio, 1). Manche meinen, es sei intolerant, den wertvollen Schatz des Glaubens denen vorzulegen, die ihn nicht teilen, aber dem ist nicht so, denn Christus vorzustellen bedeutet nicht, ihn aufzuzwingen (vgl. Evangelii nuntiandi, 80). Im übrigen haben vor zweitausend Jahren die zwölf Apostel ihr Leben hingegeben, damit Christus gekannt und geliebt würde. Seit damals verbreitet sich das Evangelium über die Jahrhunderte hinweg weiterhin durch Männer und Frauen, die von demselben missionarischen Eifer beseelt sind. Deshalb ist es auch heute notwendig, daß es Jünger Christi gibt, die weder Zeit noch Kräfte sparen, um dem Evangelium zu dienen. Es muß Jugendliche geben, die in sich die Liebe Gottes brennen lassen und großherzig auf seinen dringlichen Ruf antworten, wie es so viele junge Selige und Heilige in der Vergangenheit und auch vor gar nicht langer Zeit getan haben. Ich versichere euch insbesondere, daß der Geist Jesu euch Jugendliche heute dazu einlädt, Überbringer der guten Nachricht Jesu an eure Altersgenossen zu sein. Die zweifellose Mühe der Erwachsenen, in verständlicher und überzeugender Weise dem Bereich der Jugendlichen zu begegnen, kann ein Zeichen sein, mit dem der Heilige Geist euch Jugendliche antreiben will, dies zu übernehmen. Ihr kennt die Ideale, die Sprache und auch die Wunden und Erwartungen eurer Altersgenossen sowie ihre Sehnsucht nach dem Guten. Es öffnet sich die weite Welt der Gefühle, der Arbeit, der Ausbildung, der Erwartungen, des Leidens der Jugendlichen … Jeder von euch soll den Mut haben, dem Heiligen Geist zu versprechen, einen Jugendlichen zu Jesus Christus zu führen, auf die Weise, die er für die beste hält, indem er „von der Hoffnung, die ihn erfüllt", mit Sanftmut Rechenschaft zu geben vermag (vgl. 1 Petr 3,15).

Um aber dieses Ziel zu erreichen, seid heilig, seid Missionare, denn man kann Heiligkeit nie von der Mission trennen (vgl. Redemptoris missio, 90). Habt keine Angst, heilige Missionare zu werden wie der hl. Franz Xaver, der den Fernen Osten durchquerte und die Frohe Botschaft bis zum Äußersten seiner Kräfte verkündete, oder wie die hl. Theresia vom Kinde Jesu, die Missionarin war, ohne jemals den Karmel zu verlassen; beide sind „Patrone der Missionen". Seid bereit, euer Leben einzusetzen, um die Welt mit der Wahrheit Christi zu erleuchten; um mit Liebe auf den Haß und die Verachtung des Lebens zu antworten; um die Hoffnung des auferstandenen Christus in jedem Winkel der Erde zu verkünden.

An die Firmlinge

Den Kandidaten für das Sakrament der Firmung und euch allen, liebe junge Freunde, möchte ich sagen: Richtet den Blick auf die Jungfrau Maria, und lernt aus ihrem Ja auch euer Ja zu dem Ruf Gottes zu sagen. Der Heilige Geist tritt in dem Maß in unser Leben ein, in dem wir ihm durch unser Ja das Herz öffnen. Je stärker das Ja ist, um so vollkommener ist das Geschenk seiner Gegenwart. Zum besseren Verständnis können wir auf eine ganz einfache Wirklichkeit Bezug nehmen: auf das Licht. Wenn die Fensterläden fest geschlossen sind, kann die Sonne, obwohl sie scheint, das Haus nicht erleuchten. Wenn ein kleiner Spalt offen ist, tritt ein Lichtstrahl ein; wenn man den Fensterladen ein bißchen weiter öffnet, wird es im Zimmer heller; aber erst wenn alles vollständig offen ist, können die Sonnenstrahlen den Raum erhellen und erwärmen. Liebe Freunde! Maria wird vom Engel begrüßt als „voll der Gnade", was genau das bedeutet: Ihr Herz und ihr Leben sind ganz offen für Gott und deshalb vollständig von seiner Gnade erfüllt. Sie möge euch helfen, daß ihr aus euch selbst ein freies und vollendetes Ja zu Gott machen könnt, damit ihr vom Licht und von der Freude des Heiligen Geistes erneuert, ja verwandelt werdet.

Der Weg der Erleuchtung

Der Glauben ist ein Weg der Erleuchtung: Er beginnt bei der demütigen Erkenntnis der eigenen Heilsbedürftigkeit und gelangt zur persönlichen Begegnung mit Christus, der den Menschen ruft, ihm auf dem Weg der Liebe nachzufolgen. Nach diesem Vorbild sind in der Kirche die Wege der christlichen Initiation aufgebaut, die auf die Sakramente der Taufe, der Firmung und der Eucharistie vorbereiten. In den von alters her evangelisierten Gebieten, wo die Kindertaufe üblich ist, werden den Jugendlichen und Erwachsenen die Katechese und Erfahrungen im Bereich der Spiritualität angeboten. Sie ermöglichen ihnen, einen Weg der Wiederentdeckung des Glaubens in reifer, bewußter Weise zu gehen, um dann eine konsequente Verpflichtung zum Zeugnis zu übernehmen. Wie wichtig ist doch die Arbeit der Hirten und Katecheten auf diesem Gebiet! Den Wert der eigenen Taufe neu zu entdekken ist die Grundlage für den missionarischen Einsatz jedes Christen, denn wir sehen im Evangelium, daß diejenigen, die sich von Christus faszinieren lassen, nicht anders können als Zeugnis zu geben von der Freude, seinen Spuren zu folgen.

DIE FAMILIE IN DER WELT

Die Heilige Familie, eine Migrantenfamilie

Der Evangelist Matthäus berichtet, daß Josef kurz nach der Geburt Jesu gezwungen war, in der Nacht nach Ägypten zu fliehen, um der Verfolgung durch König Herodes zu entgehen (vgl. Mt 2,13–15). Diesen Evangeliumsabschnitt erläuternd schrieb mein verehrter Vorgänger, der Diener Gottes Papst Pius XII., im Jahre 1952: „Die Familie von Nazareth im Exil – Jesus, Maria und Josef, die nach Ägypten ausgewandert sind und dort Zuflucht gesucht haben, um dem Zorn eines gottlosen Königs zu entgehen – ist das Modell, das Vorbild und die Stütze aller Emigranten und Pilger jeden Alters und jeder Herkunft, aller Flüchtlinge jeder Lebenssituation, die sich durch Verfolgung oder Not gezwungen sehen, ihr Vaterland, die lieben Verwandten, Nachbarn und Freunde zu verlassen und in ein fremdes Land zu gehen" (Exsul familia, AAS 44, 1952, 649). Im Drama der Familie von Nazareth, die gezwungen ist nach Ägypten zu fliehen, erkennen wir die schmerzliche Lebenssituation aller Migranten, besonders der Flüchtlinge, der Verbannten, der Vertriebenen, der Asylanten, der Verfolgten. Wir erkennen die Schwierigkeiten jeder Migrantenfamilie, die Entbehrungen, die Demütigungen, die Bedrängnis und die Schwachheit von Millionen und aber Millionen Migranten, Flüchtlingen und Asylanten. Die Familie von Nazareth spiegelt das Abbild Gottes wider, das im Herzen jeder menschlichen Familie bewahrt wird, auch wenn es durch die Emigration entstellt und entkräftet worden ist.

Migration, ein Zeichen der Zeit

Zu den Zeichen der Zeit, die heute festzustellen sind, gehört mit Sicherheit die Migration, ein Phänomen, das im Laufe des vor kurzem zu Ende gegangenen Jahrhunderts sozusagen strukturelle Gestalt angenommen hat und zu einem wichtigen Kriterium des Arbeitsmarktes auf weltweiter Ebene

geworden ist, unter anderem infolge des starken Anstoßes, den es durch die Globalisierung erhalten hat. Natürlich fließen in diesem „Zeichen der Zeit" verschiedene Bestandteile zusammen. Es umfaßt nämlich sowohl innerstaatliche als auch staatenübergreifende Migration ebenso wie zwangsweise und freiwillige, legale und illegale Migrationsbewegungen, die auch der Plage des Menschenhandels unterworfen sind. Nicht vergessen werden soll auch die Kategorie der im Ausland Studierenden, deren Zahl weltweit jährlich ansteigt.

(...)

Im Hinblick auf die (...) Asylbewerber und Flüchtlinge, möchte ich ins Bewußtsein rufen, daß man sich im allgemeinen bei dem vordergründigen Problem ihrer Einwanderung aufhält, ohne sich dabei nach den Gründen ihrer Flucht aus der Heimat zu fragen. Die Kirche blickt auf diese Welt des Leidens und der Gewalt mit den Augen Jesu, der Mitleid hatte, als er die vielen Menschen sah, die umherirrten wie Schafe, die keinen Hirten haben (vgl. Mt 9,36). Hoffnung, Mut, Liebe und auch die „Phantasie der Liebe" (Apostolisches Schreiben Novo millennio ineunte, 50) müssen der Antrieb sein für den notwendigen menschlichen und christlichen Einsatz zur Unterstützung dieser leidgeprüften Brüder und Schwestern.

Nächstenliebe und Gerechtigkeit zwischen Völkern und Nationen

Dieses Thema muß für die Kirche Gegenstand ihres Interesses sein, da das Streben nach Gerechtigkeit und die Förderung der Zivilisation der Liebe wesentliche Aspekte ihrer Sendung, das Evangelium Jesu Christi zu verkünden, sind. Gewiß ist der Aufbau einer gerechten Gesellschaft die vorrangige Verantwortung der politischen Ordnung, sowohl in den einzelnen Staaten als auch in der internationalen Gemeinschaft. Als solcher erfordert er auf allen Ebenen eine disziplinierte Übung der praktischen Vernunft und eine Schulung des Willens, um die besonderen Anforderungen der Gerechtigkeit zu erkennen und zu erfüllen, in voller Achtung des Gemeinwohls und der unveräußerlichen Würde jedes einzelnen. In meiner Enzyklika *Deus caritas est* wollte ich am Anfang meines Pontifikats noch einmal bekräftigen, daß die Kirche den Wunsch hat, zu dieser notwendigen Reinigung der Vernunft beizutragen, bei der Gewissensbildung zu helfen und zu einer umfassenderen Antwort auf die wahren Anforderungen der Gerechtigkeit anzuspornen. Gleichzeitig wollte ich hervorheben, daß es auch in der gerechtesten Gesellschaft stets einen Platz für die Nächstenliebe geben wird:

„Es gibt keine gerechte Staatsordnung, die den Dienst der Liebe überflüssig machen könnte" (Nr. 28).

Die Überzeugung der Kirche, daß Gerechtigkeit und Nächstenliebe untrennbar sind, entspringt letztendlich ihrer Erfahrung der Offenbarung der unendlichen Gerechtigkeit und des grenzenlosen Erbarmens Gottes in Jesus Christus, und sie kommt zum Ausdruck in ihrem nachdrücklichen Bestehen darauf, daß der Mensch und seine unveräußerliche Würde im Mittelpunkt des politischen und gesellschaftlichen Lebens stehen müssen. Ihre Lehre, die sich nicht nur an die Gläubigen richtet, sondern an alle Menschen guten Willens, appelliert somit an die rechte sittliche Vernunft und an eine korrekte Auffassung von der menschlichen Natur: Sie bietet Grundsätze, die in der Lage sind, den einzelnen und Gemeinschaften im Streben nach einer von Gerechtigkeit, Freiheit, brüderlicher Solidarität und Frieden gekennzeichneten Gesellschaftsordnung zu leiten. Jener Lehre liegt das Prinzip der universalen Bestimmung aller Güter der Schöpfung zugrunde. Gemäß diesem grundlegenden Prinzip ist alles, was die Erde hervorbringt, und alles, was der Mensch bearbeitet und herstellt, all sein Wissen und seine Technik dazu bestimmt, der materiellen und geistlichen Entwicklung und Erfüllung der Menschheitsfamilie und aller ihrer Mitglieder zu dienen.

Aus dieser gesamtmenschlichen Perspektive heraus können wir die wesentliche Rolle besser verstehen, die die Nächstenliebe beim Streben nach Gerechtigkeit spielt. Mein Vorgänger, Papst Johannes Paul II., war überzeugt, daß Gerechtigkeit allein nicht ausreicht, um wahrhaft menschliche und brüderliche Beziehungen innerhalb der Gesellschaft herzustellen. Die Gerechtigkeit, sagte er, „muß in allen Bereichen zwischenmenschlicher Beziehung sozusagen eine tiefgreifende ,Korrektur' erfahren: durch die Liebe, welche nach dem Hohen Lied des hl. Paulus ,langmütig' und ,gütig' ist oder, anders ausgedrückt, die für das Evangelium und das Christentum so wesentlichen Züge des Erbarmens trägt" (Dives in misericordia, 14). Kurz gesagt, die Nächstenliebe befähigt nicht nur die Gerechtigkeit, erfinderischer zu werden und sich neuen Herausforderungen zu stellen, sondern sie erweckt und reinigt auch die Bemühungen der Menschheit um die Erlangung wahrer Gerechtigkeit und somit den Aufbau einer menschenwürdigen Gesellschaft.

In einer Zeit, in der die Sorge für den Nächsten die Grenzen nationaler Gemeinschaften überwindet und bestrebt ist, ihre Horizonte auf die gesamte Welt auszuweiten (vgl. Deus caritas est, 30), muß die innere Verbindung zwischen Nächstenliebe und Gerechtigkeit genauer verstanden und deutlicher hervor-

sind, kann jene Solidarität zwischen den Generationen gewährleisten, die Liebe und Gerechtigkeit an zukünftige Generationen weitergibt. Nur die Nächstenliebe kann uns ermutigen, den Menschen noch einmal in den Mittelpunkt des gesellschaftlichen Lebens zu stellen und in den Mittelpunkt einer globalisierten Welt, in der Gerechtigkeit herrscht.

Migration von Frauen – Frauen aus Migrantenfamilien

Im Hinblick auf die Menschen, die aus wirtschaftlichen Gründen emigrieren, verdient die jüngste Entwicklung der „Feminisierung" des Phänomens Erwähnung, also einer ständig wachsenden Anzahl von Frauen unter ihnen. Tatsächlich emigrierten in der Vergangenheit vor allem Männer. Wenn auch Frauen dabei nie fehlten, so emigrierten diese damals jedoch vor allem, um ihre Väter oder Ehemänner zu begleiten oder um dorthin nachzukommen, wo diese sich bereits aufhielten. Auch wenn dies heute noch oft der Fall ist, wird die Emigration der Frauen doch tendenziell immer mehr zu einem eigenständigen Phänomen: Die Frau überschreitet allein die Grenzen ihrer Heimat auf der Suche nach Arbeit im Ausland. Nicht selten sind Migrantinnen sogar zur Haupteinnahmequelle für ihre Familien geworden. Faktisch läßt sich die Anwesenheit von Frauen vor allem in Niedriglohnsektoren beobachten. Wenn also die Arbeitsmigranten sich in einer besonders schwachen Position befinden, dann gilt dies in besonderem Maße für die Frauen unter ihnen. Die Frauen sind außer als Haushaltshilfen vor allem in der Alten- und Krankenpflege und im Hotelgewerbe tätig. Auch in diesen Bereichen müssen die Christen sich für eine gute Behandlung der Migrantinnen einsetzen und dafür sorgen, daß sie als Frauen respektiert werden und die gleichen Rechte genießen.

In diesem Zusammenhang sei der Menschen- und vor allem der Frauenhandel erwähnt, der dort besonders ausgeprägt ist, wo es kaum Möglichkeiten zur Verbesserung der eigenen Lebensumstände gibt oder wo es ums bloße Überleben geht. Es wird dem Händler ein leichtes Spiel sein, den Opfern seine „Dienste" anzubieten, wobei diese oft nicht im geringsten ahnen, was ihnen bevorsteht. Manchmal ist es das Schicksal der Frauen und Mädchen, dann als Arbeitskräfte ausgebeutet und beinahe zu Sklavinnen zu werden, nicht selten auch in der Sexindustrie. Auch wenn ich hier keine

gehoben werden. Ich (…) möchte kurz ihre Aufmerksamkeit auf drei besondere Herausforderungen richten, denen unsere Welt gegenübersteht. Ich glaube, daß diesen Herausforderungen nur durch ein festentschlossenes Bemühen um jene größere Gerechtigkeit, die an der Nächstenliebe ausgerichtet ist, begegnet werden kann.

Die erste betrifft die Umwelt und die nachhaltige Entwicklung. Die internationale Gemeinschaft ist sich bewußt, daß die Ressourcen der Welt begrenzt sind und daß es die Pflicht aller Völker ist, politische Maßnahmen zum Schutz der Umwelt zu ergreifen, um der Zerstörung jenes natürlichen Kapitals zuvorzukommen, dessen Erträge notwendig sind für das Wohlergehen der Menschheit. Um dieser Herausforderung zu begegnen, ist ein interdisziplinärer Ansatz (…) notwendig. Ebenso bedarf es der Fähigkeit, den Verlauf von Umweltveränderungen und das nachhaltige Wachstum einzuschätzen und vorauszusagen, zu überwachen und Lösungen auf internationaler Ebene zu entwerfen und zur Anwendung zu bringen. Besondere Aufmerksamkeit muß die Tatsache erhalten, daß die ärmsten Länder wahrscheinlich den höchsten Preis für die Schädigung der Umwelt zahlen. In meiner Botschaft zur Feier des Weltfriedenstages 2007 habe ich darauf hingewiesen, daß „die Zerstörung der Umwelt, ein unangemessener und egoistischer Umgang

mit ihr und der gewaltsame Aufkauf ihrer Ressourcen … die Frucht eines unmenschlichen Entwicklungskonzepts sind. Eine Entwicklung, die sich nur auf den technisch-wirtschaftlichen Aspekt beschränken würde und die ethisch-religiöse Dimension vernachlässigte, wäre nämlich keine ganzheitliche menschliche Entwicklung und würde schließlich wegen ihrer Einseitigkeit die zerstörerischen Fähigkeiten des Menschen antreiben" (Nr. 9; in O.R. dt., Nr. 51/52 vom 22. 12. 2006, S. 10). Indem wir uns den Herausforderungen des Umweltschutzes und der nachhaltigen Entwicklung stellen, sind wir aufgerufen zur Förderung und „Wahrung der moralischen Bedingungen einer glaubwürdigen ‚Humanökologie'" (Centesimus annus, 38). Dies wiederum erfordert eine verantwortliche Beziehung nicht nur zur Schöpfung, sondern auch zu unseren – zeitlich und räumlich – näheren und entfernteren Nachbarn und zum Schöpfer.

Das führt uns zu einer zweiten Herausforderung, die unsere Auffassung vom Menschen und folglich unsere Beziehungen zueinander auf den Plan ruft. Wenn Menschen nicht als Personen betrachtet werden, als Männer und Frauen, die als Abbild Gottes geschaffen (vgl. Gen 1,26) und mit einer unantastbaren Würde ausgestattet sind, dann wird es sehr schwierig sein, völlige Gerechtigkeit in der Welt zu erlangen.

Trotz der Anerkennung der Rechte der Person in internationalen Erklärungen und Gesetzgebungen müssen noch viele Fortschritte gemacht werden, um dafür zu sorgen, daß diese Anerkennung sich auswirkt auf globale Probleme wie die wachsende Kluft zwischen reichen und armen Ländern; die ungleiche Verteilung und Zuteilung natürlicher Ressourcen und des durch menschliche Arbeit hervorgebrachten Reichtums; die Tragödie des Hungers, des Durstes und der Armut auf einem Planeten, auf dem es Nahrung, Wasser und Wohlstand im Überfluß gibt; das menschliche Leid der Asylanten und Flüchtlinge; die andauernden Konflikte in vielen Teilen der Welt; der Mangel an ausreichendem gesetzlichen Schutz des ungeborenen Lebens; die Ausbeutung von Kindern; der internationale Menschen-, Waffen- und Drogenhandel; und zahlreichreiche andere schwerwiegende Ungerechtigkeiten.

Eine dritte Herausforderung steht in Beziehung zu den Werten des Geistes. Unter dem Druck wirtschaftlicher Sorgen neigen wir dazu, zu vergessen, daß die geistigen Güter, die dem Menschen zu eigen sind, sich im Gegensatz zu den materiellen Gütern verbreiten und mehren, wenn sie weitergegeben werden: Im Gegensatz zu den teilbaren Gütern sind geistigen Güter wie Bildung und Erziehung unteilbar, und je mehr man sie zu teilen versucht, desto mehr

besitzt man sie. Die Globalisierung hat die wechselseitigen Abhängigkeiten der Völker mit ihren unterschiedlichen Traditionen, Religionen und Erziehungssystemen verstärkt. Das bedeutet, daß die Völker der Welt aufgrund all ihrer Unterschiede ständig voneinander lernen und viel mehr miteinander in Berührung kommen. Um so größer ist daher der Bedarf nach einem Dialog, der den Menschen helfen kann, gegenüber den Traditionen anderer die eigenen Traditionen zu verstehen, größere Selbsterkenntnis zu entwickeln angesichts der Herausforderungen an die eigene Identität, und so das Verstehen und die Anerkennung wahrer menschlicher Werte innerhalb einer interkulturellen Sichtweise zu fördern. Um diesen Herausforderungen zu begegnen, ist eine gerechte Chancengleichheit, besonders im Bereich der Erziehung und der Wissensvermittlung, dringend notwendig. Bedauerlicherweise sind Erziehung und Bildung, besonders in der Primärstufe, in vielen Teilen der Welt immer noch in dramatischem Ausmaß ungenügend.

Um diesen Herausforderungen begegnen zu können, kann nur die Nächstenliebe in uns die Gerechtigkeit erwecken, die im Dienst des Lebens und der Förderung der Würde des Menschen steht. Nur die Liebe innerhalb der Familie, gegründet auf einem Mann und einer Frau, die nach dem Abbild Gottes geschaffen sind, kann jene Solidarität zwischen den Generationen gewährleisten, die Liebe und Gerechtigkeit an zukünftige Generationen weitergibt. Nur die Nächstenliebe kann uns ermutigen, den Menschen noch einmal in den Mittelpunkt des gesellschaftlichen Lebens zu stellen und in den Mittelpunkt einer globalisierten Welt, in der Gerechtigkeit herrscht.

Migration von Frauen – Frauen aus Migrantenfamilien

Im Hinblick auf die Menschen, die aus wirtschaftlichen Gründen emigrieren, verdient die jüngste Entwicklung der „Feminisierung" des Phänomens Erwähnung, also einer ständig wachsenden Anzahl von Frauen unter ihnen. Tatsächlich emigrierten in der Vergangenheit vor allem Männer. Wenn auch Frauen dabei nie fehlten, so emigrierten diese damals jedoch vor allem, um ihre Väter oder Ehemänner zu begleiten oder um dorthin nachzukommen, wo diese sich bereits aufhielten. Auch wenn dies heute noch oft der Fall ist, wird die Emigration der Frauen doch tendenziell immer mehr zu einem

eigenständigen Phänomen: Die Frau überschreitet allein die Grenzen ihrer Heimat auf der Suche nach Arbeit im Ausland. Nicht selten sind Migrantinnen sogar zur Haupteinnahmequelle für ihre Familien geworden. Faktisch läßt sich die Anwesenheit von Frauen vor allem in Niedriglohnsektoren beobachten. Wenn also die Arbeitsmigranten sich in einer besonders schwachen Position befinden, dann gilt dies in besonderem Maße für die Frauen unter ihnen. Die Frauen sind außer als Haushaltshilfen vor allem in der Alten- und Krankenpflege und im Hotelgewerbe tätig. Auch in diesen Bereichen müssen die Christen sich für eine gute Behandlung der Migrantinnen einsetzen und dafür sorgen, daß sie als Frauen respektiert werden und die gleichen Rechte genießen.

In diesem Zusammenhang sei der Menschen- und vor allem der Frauenhandel erwähnt, der dort besonders ausgeprägt ist, wo es kaum Möglichkeiten zur Verbesserung der eigenen Lebensumstände gibt oder wo es ums bloße Überleben geht. Es wird dem Händler ein leichtes Spiel sein, den Opfern seine „Dienste" anzubieten, wobei diese oft nicht im geringsten ahnen, was ihnen bevorsteht. Manchmal ist es das Schicksal der Frauen und Mädchen, dann als Arbeitskräfte ausgebeutet und beinahe zu Sklavinnen zu werden, nicht selten auch in der Sexindustrie. Auch wenn ich hier keine

genauere Untersuchung der Folgen einer solchen Migration vornehmen kann, schließe ich mich Johannes Paul II. an, der „die verbreitete, von Genußsucht und Geschäftsgeist bestimmte Kultur, die die systematische Ausbeutung der Sexualität fördert" (Brief an die Frauen, 29. Juni 1995, 5), verurteilte. Es handelt sich hierbei um ein weites Betätigungsfeld zur Erlösung und Befreiung, dem die Christen sich nicht entziehen können.

Probleme von und Hilfen für Migrantenfamilien

Die Familie des Migranten begegnet vielen Schwierigkeiten. Die Entfernungen zwischen ihren Mitgliedern und die fehlende Zusammenführung lassen die ursprünglichen Verbindungen oft zerbrechen. Es werden neue Beziehungen geknüpft, und neue Zuneigung entsteht; durch die Entfernung und die Einsamkeit auf eine harte Probe gestellt, vergißt man die Vergangenheit und die eigenen Pflichten. Wenn man der immigrierten Familie keine wirkliche Möglichkeit zur Integration und zur Beteiligung zusichert, läßt sich für sie eine harmonische Entwicklung kaum vormonische Entwicklung kaum vor-

aussehen. Durch die Internationale Konvention zum Schutz der Rechte aller Migrantenarbeiter und ihrer Familienmitglieder, die am 1. Juli 2003 in Kraft getreten ist, sollen die Migranten- und Migrantinnen-Arbeiter sowie die Mitglieder ihrer jeweiligen Familien geschützt werden. Das heißt, daß man den Wert der Familie auch hinsichtlich der Emigration, einem Phänomen, das in unseren Gesellschaften nunmehr strukturell verankert ist, anerkennt. Die Kirche unterstützt die Ratifizierung der internationalen Rechtsmittel, die darauf ausgerichtet sind, die Rechte der Migranten und der Flüchtlinge sowie ihrer Familien zu verteidigen und bietet durch verschiedene Einrichtungen und Vereinigungen jene *advocacy,* die immer dringender notwendig ist. Zu diesem Zweck wurden Beratungsstellen und Aufnahmezentren für Migranten sowie Büros zum Dienst an den einzelnen und an den Familien eingerichtet, und andere Initiativen wurden ins Leben gerufen, um dem steigenden Bedarf in diesem Bereich zu entsprechen.

Es wird bereits viel getan für die Integration der Immigrantenfamilien, auch wenn noch viel zu tun bleibt. Es gibt reale Schwierigkeiten, die mit den „Verteidigungsmechanismen" der ersten Generation von Immigranten zusammenhängen und die zum Hindernis für den Reifeprozeß der jungen Menschen der zweiten Generation

zu werden drohen. Daher ist es notwendig, gesetzgebende, rechtliche und soziale Eingriffe vorzusehen, um die Integration zu erleichtern. In letzter Zeit ist die Anzahl der Frauen gestiegen, die auf der Suche nach besseren Lebensbedingungen ihr Heimatland verlassen, in der Aussicht auf vielversprechende berufliche Perspektiven. Nicht wenige Frauen jedoch werden Opfer des Menschenhandels und der Prostitution. Bei den Familienzusammenführungen können die Sozialarbeiterinnen und besonders die Ordensfrauen unter ihnen

einen wertvollen Vermittlungsdienst leisten, der immer größere Hochachtung verdient.

Bezüglich der Integration der Immigrantenfamilien fühle ich mich verpflichtet, die Aufmerksamkeit auf die Familien der Flüchtlinge zu lenken, deren Lebensbedingungen sich im Gegensatz zu früher verschlechtert zu haben scheinen, auch im Hinblick auf die Familienzusammenführung. In den Flüchtlingslagern, in die sie eingewiesen werden, gibt es nicht nur

Schwierigkeiten der Unterbringung und persönliche Schwierigkeiten, die an das Trauma und an den psychologischen Streß gebunden sind, die aus den tragischen Erfahrungen heraus entstehen, die die Flüchtlinge durchlebt haben. Daneben besteht manchmal sogar die Gefahr, daß Frauen und Kinder in den sexuellen Mißbrauch, als Mechanismus des Überlebens geraten. In diesen Fällen bedarf es einer aufmerksamen pastoralen Präsenz, die außer dem Beistand, der den verwundeten Herzen Linderung schenken kann, Unterstützung von Seiten der christlichen Gemeinschaft bietet, die in der Lage ist, die Kultur der Achtung wiederherzustellen und den wahren Wert der Liebe wieder aufzudecken. Man muß denjenigen, die innerlich zerstört sind, Mut machen, ihr Selbstvertrauen wiederzuerlangen. Außerdem muß man sich dafür einsetzen, daß die Rechte und die Würde der Familien gewährleistet werden und daß ihnen eine Unterkunft zugesichert wird, die ihren Bedürfnissen entspricht. Die Flüchtlingen sind aufgerufen, eine offene und positive Haltung einzunehmen gegenüber der Gesellschaft, die sie aufnimmt, und sich aktiv zur Verfügung zu stellen bei Vorschlägen zur Beteiligung am gemeinsamen Aufbau einer integrierten Gemeinschaft, die ein „gemeinsames Haus" aller sein soll.

Probleme von Kindern und Jugendlichen aus Migrantenfamilien

Der umfassende Prozeß der Globalisierung, der sich augenblicklich auf der Welt vollzieht, erfordert notwendigerweise eine Mobilität, die auch zahlreiche junge Menschen veranlaßt, auszuwandern und fern von ihren Familien und ihren Ländern zu leben. Die Folge ist, daß aus den Ursprungsländern häufig jene jungen Menschen weggehen, die über die besten intellektuellen Fähigkeiten verfügen, während in dem Land, daß sie aufnimmt, Regeln gelten, die ihre erfolgreiche Eingliederung erschweren. Tatsächlich nimmt das Phänomen der Emigration weiter zu und umfaßt eine wachsende Zahl von Menschen aller sozialen Schichten. Mit Recht setzen daher öffentliche Einrichtungen, humanitäre Organisationen und auch die katholische Kirche einen großen Teil ihrer Mittel ein, um diesen Menschen in ihren Schwierigkeiten entgegenzukommen.

Die jungen Menschen empfinden das Problem, das aus ihrer so genannten „doppelten Zugehörigkeit" resultiert, besonders stark: auf der einen Seite fühlen sie das dringende Bedürfnis, die Kultur ihres Ursprungslandes nicht zu

verlieren, auf der anderen Seite entsteht in ihnen der verständliche Wunsch, sich organisch in die Gesellschaft einzufügen, die sie aufgenommen hat, ohne daß dies jedoch eine vollständige Angleichung, und den daraus folgenden vollständigen Verlust der Traditionen ihrer Ahnen mit sich bringt. Unter den Jugendlichen finden wir die jungen Mädchen, die besonders leicht Opfer von Ausbeutung, moralischer Erpressung und sogar von Missbrauch aller Art werden. Und was soll man zu den Heranwachsenden sagen, zu den unbegleiteten Minderjährigen, die unter all jenen, die um Asyl bitten, eine besonders gefährdete Kategorie darstellen? Diese jungen Mädchen und

Jungen enden häufig auf der Straße, sich selbst überlassen und Opfer von skrupellosen Ausbeutern, die sie viel zu oft zum Gegenstand physischer, moralischer und sexueller Gewalt werden lassen.

Wenn wir uns den Bereich der Zwangsauswanderer, der Vertriebenen und Flüchtlinge und der Opfer des Menschenhandels einmal näher betrachten, treffen wir dort leider viele Kinder und Heranwachsende. Was das betrifft, so ist es unmöglich, angesichts der dramatischen Bilder der großen Lager der Flüchtlinge und Vertriebenen zu schweigen, die in verschiedenen Teilen der Welt vorhanden sind. Wie sollte man nicht an die kleinen Lebewesen denken, die mit der gleichen legitimen Erwartung von Glück auf die Welt gekommen sind wie alle anderen? Und wie sollte man nicht gleichzeitig daran denken, daß die Kindheit und die Jugend Phasen von grundlegender Bedeutung für die Entwicklung des Mannes und der Frau darstellen, Phasen, die Stabilität, Ruhe und Sicherheit voraussetzen? Für diese Kinder und Jugendlichen ist die einzige Lebenserfahrung das „Lager", in dem sie sich gezwungenermaßen aufhalten müssen, wo sie abgesondert sind, fern von bewohnten Gebieten und ohne die Möglichkeit, eine normale Schule besuchen zu können. Wie können sie mit Vertrauen in die Zukunft blikken? Wenn es auch wahr ist, daß viel für sie getan wird, so muß man sich doch noch stärker dafür einsetzen, daß ihnen durch die Schaffung geeigneter Strukturen für ihre Aufnahme und ihre Ausbildung geholfen wird.

Im Hinblick darauf stellt sich die Frage: wie sollen wir auf die Erwartungen der jungen Migranten reagieren? Wie sollen wir ihnen entgegenkommen? Sicher muß man zuerst einmal die Unterstützung der Familie und der Schule anstreben. Aber wie komplex sind doch die Situationen und wie zahlreich sind die Schwierigkeiten, denen diese Jugendlichen in ihrem familiären und schulischen Umfeld begeg-

nen! Innerhalb der Familien sind die traditionellen Rollen verschwunden, wie sie in ihren Heimatländern bestanden, und häufig werden wir Zeugen einer Auseinandersetzung zwischen den Eltern, die noch in ihrer Kultur verwurzelt sind, und den Kindern, die sich rasch an die Kultur ihrer neuen sozialen Umwelt anpassen. Man darf auch die Anstrengung nicht unterschätzen, die die Jugendlichen unternehmen, um sich in den in den Aufnahmeländern geltenden Ausbildungsprozeß einzugliedern. Das Schulsystem sollte diesen Voraussetzungen Rechnung tragen und für die Immigrantenkinder besondere, integrative Ausbildungswege einrichten, die ihren Bedürfnissen angepaßt sind. Wichtig ist es auch, sich darum zu bemühen, daß im Klassenzimmer ein Klima des gegenseitigen Respekts und des Dialogs zwischen allen Schülern, auf der Grundlage jener Prinzipien und universeller Werte entsteht, die in allen Kulturen Gültigkeit haben. Der Einsatz aller – der Lehrkräfte, der Familien und Schüler – wird bestimmt dazu beitragen, den jungen Migranten zu helfen, daß sie auf die Herausforderung der Eingliederung besser reagieren, und ihnen die Möglichkeit geboten wird, sich das anzueignen, was ihrer menschlichen, kulturellen und beruflichen Bildung dient.

Dies gilt in verstärkter Form für die jungen Flüchtlinge, für die man geeignete Programme im schulischen ebenso wie im Bereich der Arbeit bereitstellen muß, um so zu garantieren, daß man ihnen die nötige Grundlage für eine korrekte Eingliederung in die neue soziale, kulturelle und berufliche Umwelt zur Verfügung stellt.

Die Kirche schaut mit außergewöhnlicher Aufmerksamkeit auf die Welt der Migranten und fordert von jenen, die in ihrem Heimatland eine christliche Bildung empfangen haben, diesen Schatz ihres Glaubens und die evangelischen Werte Frucht tragen zu lassen, damit sie in den verschiedenen Lebensbereichen ein kohärentes Zeugnis ablegen. Eben in Bezug darauf lade ich die kirchlichen Gemeinden am Zielort dazu ein, die jungen und sehr jungen Menschen mit ihren Eltern wohlwollend aufzunehmen und zu versuchen, die Wechselfälle ihres Lebens zu verstehen und ihre Eingliederung zu fördern.

LIEBE ZUM LEBEN

Geburtenraten sind eine Frage der Liebe

Während die statistischen Angaben über das Bevölkerungswachstum unterschiedlich interpretiert werden können, besteht allgemeine Übereinstimmung darin, daß wir weltweit, besonders aber in den entwickelten Ländern, Zeugen zweier bedeutsamer, miteinander in Zusammenhang stehender Trends sind: einerseits eine immer höhere Lebenserwartung und andererseits ein Sinken der Geburtenraten.

Während die Gesellschaften immer älter werden, fehlt vielen Nationen oder Volksgruppen eine ausreichende Anzahl junger Menschen, um ihre Bevölkerung erneuern zu können.

Diese Situation hat vielfältige und komplexe Ursachen, die oft auf wirtschaftlichem, sozialem und kulturellem Gebiet zu finden sind und die Sie zu untersuchen beabsichtigen. Aber die tiefsten Gründe für diese Situation sind wohl moralischer und spiritueller Natur. Sie hängen mit einem beunruhigenden Mangel an Glaube, Hoffnung und – natürlich – Liebe zusammen. Kindern das Leben zu schenken erfordert, daß der ichbezogene Eros sich in einer kreativen Agape endgültig erfüllt, die in der Selbstlosigkeit verwurzelt und von Vertrauen und Zukunftshoffnung geprägt ist. Die Liebe zielt ihrer Natur entsprechend auf Ewigkeit ab (vgl. Deus caritas est, 6). Das Fehlen dieser kreativen und in die Zukunft blickenden Liebe ist möglicherweise der Grund, warum heutzutage viele Paare bewußt nicht heiraten, warum so viele Ehen scheitern und die Geburtenzahlen in so merklichem Ausmaß zurückgegangen sind. Kinder und Jugendliche sind oft die ersten, die die Folgen dieses Schwindens von Liebe und Hoffnung erleiden. Statt sich geliebt und umsorgt zu fühlen, scheinen sie oft lediglich geduldet zu sein. In einer „aufgewühlten Zeit" fehlt es ihnen häufig an angemessener moralischer Führung von seiten der Erwachsenen, was für ihre intellektuelle und geistliche Entwicklung schwerwiegende Nachteile mit sich bringt. Viele Kinder wachsen heute in einer Gesellschaft auf, die Gott und die angeborene Würde der nach dem Ebenbild Gottes

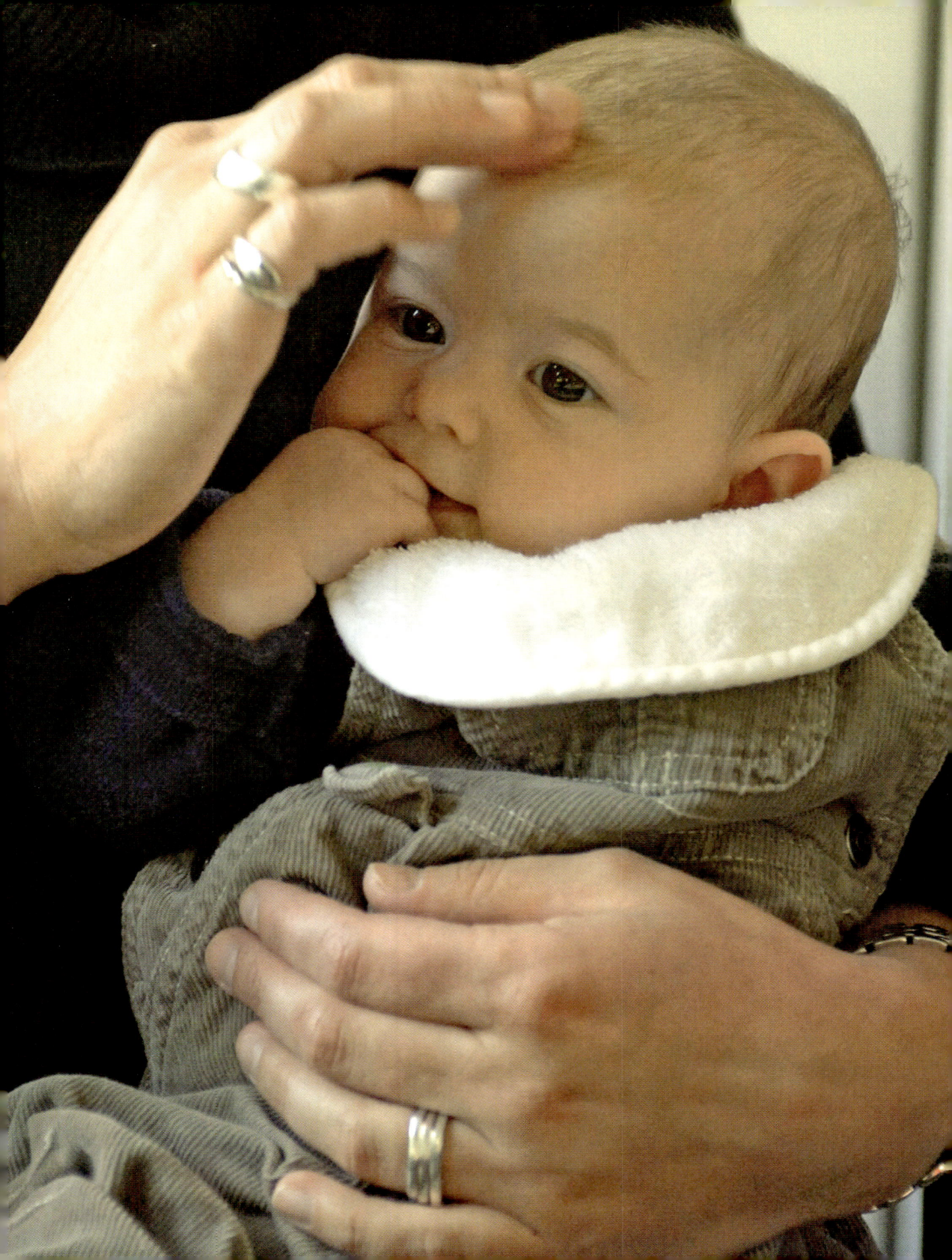

geschaffenen menschlichen Person vergessen hat.

In einer Welt, die geprägt ist von sich beschleunigenden Globalisierungsprozessen, sind Kinder oft einer ausschließlich materialistischen Sicht der Welt, des Lebens und der menschlichen Erfüllung ausgesetzt.

Kinder und Jugendliche sind jedoch von Natur aus aufgeschlossen, hochherzig, idealistisch und offen für die Transzendenz. Sie brauchen vor allem die Erfahrung der Liebe und sollen in einer gesunden menschlichen Umgebung aufwachsen, wo sie erkennen können, daß sie nicht zufällig, sondern durch ein Geschenk, das zum liebevollen Plan Gottes gehört, auf die Welt gekommen sind. Eltern, Erzieher und Verantwortliche der Gemeinschaft dürfen sich, wenn sie ihrer eigenen Berufung treu sein wollen, niemals ihrer Pflicht entziehen, Kinder und Jugendliche vor die Aufgabe zu stellen, ein Lebensprojekt zu wählen, das auf das wahre Glück ausgerichtet ist: ein Lebensprojekt, das zwischen Wahrheit und Falschheit, gut und böse, Gerechtigkeit und Ungerechtigkeit, realer Welt und der Welt der „virtuellen Realität" zu unterscheiden vermag.

Die andere Hälfte der Moral

Ich höre oft, daß eine Sehnsucht nach Gott, nach Spiritualität, nach Religion bei den Menschen durchaus vorhanden ist und daß man auch wieder anfängt, die Kirche als einen möglichen Ansprechpartner anzusehen, wo man in dieser Hinsicht etwas empfangen kann. (Es gab ja eine Zeit, da man eigentlich nur noch bei anderen Religionen suchte.) Das Bewußtsein wächst wieder: Die Kirche ist ein großer Träger spiritueller Erfahrung und gleichsam ein Baum, in dem Vögel nisten können, auch wenn sie dann wieder wegfliegen wollen – aber eben doch ein Ort, an dem man sich einmal niederlassen kann für eine Weile. Was dagegen den Menschen sehr schwerfällt, ist die Moral, die die Kirche verkündet. Darüber habe ich nachgedacht – denke auch schon lange darüber nach –, und mir fällt immer mehr auf, daß in unserer Zeit die Moral sich gleichsam in zwei Hälften geteilt hat. Die gegenwärtige Gesellschaft ist nicht einfach „moral-los", aber sie hat einen anderen Teil der Moral sozusagen „entdeckt" und nimmt ihn in Anspruch, der vielleicht in unserer kirchlichen Verkündigung in den letzten Jahrzehnten und auch schon länger nicht genügend zur Sprache kam. Es sind die großen Themen „Friede", „Gewaltlosigkeit", „Gerechtigkeit für alle", „Sorge um die Armen", „Ehrfurcht vor der Schöpfung". Das ist zu einem Ensemble von Moral geworden, das gerade als politische Kraft auch sehr mächtig ist und für viele eigentlich den Ersatz oder die Nachfolge der Religion darstellt. An die Stelle der Religion, die als Metaphysik und jenseitig gilt – und individualistisch vielleicht – treten die großen moralischen Themen als das Eigentliche, das dem Menschen dann Würde gibt und ihn auch fordert. Das ist die eine Seite, daß es also diese Moralität gibt, die auch junge Menschen begeistert, die sich für Frieden einsetzen, für Gewaltlosigkeit, für Gerechtigkeit, für die Armen, für die Schöpfung. Und es sind ja auch wirklich große moralische Themen, die gerade auch der kirchlichen Tradition zugehören. Die Instrumente, die man dafür anbietet, sind dann oft sehr parteilich und nicht immer glaubwürdig, aber darauf muß hier nicht eingegangen werden. Die großen Themen stehen im Raum.

Die andere Hälfte der Moral, die oft sehr kontrovers von der Politik aufgegriffen wird, ist die Moral des Lebens. Dazu gehört der Einsatz für das Leben von der Empfängnis bis zum Tod, das heißt seine Verteidigung gegen die Abtreibung, gegen die Euthanasie, gegen die Manipulation und gegen die Selbstermächtigung des Menschen, über das Leben zu verfügen. Häufig

wird versucht, diese Eingriffe mit den scheinbar großen Zwecken zu rechtfertigen, späteren Generationen damit dienen zu können, sodaß auch dies, das Leben des Menschen selbst zu manipulieren und in die Hand zu nehmen, wieder geradezu moralisch erscheint. Aber auf der anderen Seite gibt es ja das Bewußtsein, daß das menschliche Leben ein Geschenk ist, das unsere Ehrfurcht und unsere Liebe vom ersten bis zum letzten Augenblick verlangt, auch für die Leidenden, die Behinderten und die Schwachen. Im Zusammenhang damit steht dann auch die Moral von Ehe und Familie. Die Ehe wird sozusagen immer mehr marginalisiert. Wir kennen ja das Beispiel aus einigen Ländern, wo eine Gesetzesänderung vorgenommen wurde, durch die nun die Ehe nicht mehr definiert wird als Verbindung zwischen Mann und Frau, sondern als eine Verbindung zwischen Personen, womit natürlich die Grundidee zerstört ist und die Gesellschaft von ihren Wurzeln her zu etwas ganz anderem wird. Daß Sexualität, Eros und Ehe als Einswerden von Mann und Frau zueinander gehören – „Sie werden ein Fleisch sein", sagt der Schöpfungsbericht – dieses Bewußtsein schwindet immer mehr; alle Arten von Verbindungen erscheinen als ganz normal, wiederum als eine Art Moralität der Nicht-Diskrimination und als eine Art von Freiheit, die dem Menschen geschuldet ist. Damit ist natürlich die

121

Unauflöslichkeit der Ehe fast zu einer utopischen Idee geworden, die gerade auch bei vielen Persönlichkeiten, die wir in der Öffentlichkeit sehen, dementiert erscheint. So zerbröckelt auch die Familie in zunehmendem Maße. Natürlich gibt es für das Problem, daß die Geburtenrate so stark zurückgeht, vielerlei Gründe, sicher spielt dabei aber auch eine entscheidende Rolle, daß man das Leben für sich selber haben möchte, daß man der Zukunft wenig traut und daß man eben die Familie als eine beständige Gemeinschaft, in der dann auch die nächste Generation heranwachen kann, kaum noch für realisierbar hält.

In diesen Bereichen also stößt unsere Verkündigung auf ein gegenläufiges Gesellschaftsbewußtsein und sozusagen auf eine Art Gegenmoralität, die sich auf einen Begriff der Freiheit als des Allein-selber-wählen-Könnens und der Nicht-Diskrimination, also der Zulassung aller Arten von Möglichkeiten, stützt und sich damit auch selber für moralisch hält. Doch das andere Bewußtsein ist ja nicht ausgestorben. Es ist da, und ich denke, wir müssen uns darum mühen, die beiden Hälften der Moral wieder zusammenzubringen und deutlich zu machen, daß sie untrennbar zueinander gehören. Nur wenn das menschliche Leben von der Empfängnis bis zum Tod geachtet wird, ist auch die Friedensethik möglich und glaubhaft; nur dann kann die Gewaltlosigkeit ganzheitlich werden, nur dann nehmen wir die Schöpfung wirklich an und nur dann kann es zu wahrer Gerechtigkeit kommen. Ich denke, da haben wir eine ganz große Aufgabe vor uns: einerseits Christentum nicht als bloßen Moralismus erscheinen zu lassen, sondern als Gabe, in der sich uns die Liebe schenkt, die uns trägt und die uns dann die Kraft des Sich-Verlierens gibt; und andererseits in diesem großen Kontext der geschenkten Liebe dann auch zu den Konkretisationen schreiten, deren Grundlage uns immer noch der Dekalog anbietet, den wir mit Christus, mit der Kirche in dieser Zeit weiterlesen und neu lesen müssen.

Die Problematik der künstlichen Befruchtung

Die neuen biomedizinischen Technologien interessieren nicht nur einige Ärzte und darauf spezialisierte Forscher, sondern werden durch die modernen Medien verbreitet und rufen in immer weiteren Kreisen der Gesellschaft Erwartungen und Fragen hervor. Das Lehramt der Kirche kann und darf gewiß nicht bei jeder Neuheit der Wissenschaft eingreifen, es hat aber die Aufgabe, die auf dem Spiel stehen-

den hohen Werte herauszustellen und den Gläubigen und allen Menschen guten Willens ethisch-moralische Prinzipien und Orientierungen für die neuen wichtigen Fragen anzubieten. Die beiden fundamentalen Kriterien für die moralische Unterscheidung in diesem Bereich sind a) die unbedingte Achtung des Menschen als Person von seiner Empfängnis bis zum natürlichen Tod, b) die Achtung der Eigentümlichkeit der Weitergabe des menschlichen Lebens durch die den Eheleuten eigenen

Akte. Nach der Veröffentlichung der Instruktion *Donum vitae* im Jahr 1987, die diese Kriterien formuliert hatte, haben viele das Lehramt der Kirche kritisiert und es angeprangert, als wäre es ein Hindernis für die Wissenschaft und für den wahren Fortschritt der Menschheit. Doch die neuen Probleme, die zum Beispiel mit dem Einfrieren von menschlichen Embryonen, mit der Embryonenselektion, mit der Präimplantationsdiagnostik, mit der embryonalen Stammzellenforschung und mit den Klonversuchen von Menschen verbunden sind, zeigen deutlich, wie mit der künstlichen Befruchtung außerhalb des menschlichen Körpers die zum Schutz der menschlichen Würde errichtete Barriere niedergerissen worden ist. Wenn menschliche Wesen im schwächsten und wehrlosesten Zustand ihrer Existenz selektiert, aufgegeben, getötet oder gar als „biologisches Material" verwendet werden, wie ließe sich dann leugnen, daß sie nicht mehr als ein „Jemand", sondern als ein „Etwas" behandelt werden, wodurch der Begriff der Menschenwürde selbst in Frage gestellt wird?

Gewiß schätzt und ermutigt die Kirche den Fortschritt der biomedizinischen Wissenschaften, die bislang unbekannte therapeutische Perspektiven eröffnen, zum Beispiel durch die Verwendung der somatischen Stammzellen oder durch die Therapien zur Wiederherstellung der Fruchtbarkeit oder zur Behandlung genetischer Krankheiten. Gleichzeitig aber fühlt sie sich verpflichtet, die Gewissen aller zu erleuchten, damit der wissenschaftliche Fortschritt wirklich jedes menschliche Wesen respektiere, dem die Würde der Person zuerkannt werden muß, da es nach dem Bild Gottes geschaffen ist. (...) „Bei ihrer Gewissensbildung müssen jedoch die Christgläubigen die heilige und sichere Lehre der Kirche sorgfältig vor Augen haben. Denn nach dem Willen Christi

ist die katholische Kirche die Lehrerin der Wahrheit; ihre Aufgabe ist es, die Wahrheit, die Christus ist, zu verkündigen und authentisch zu lehren, zugleich auch die Prinzipien der sittlichen Ordnung, die aus dem Wesen des Menschen selbst hervorgehen, autoritativ zu erklären und zu bestätigen" (Erklärung des II. Vatikanischen Konzils Dignitatis humanae, Nr. 14).

Die Bedeutung der Enzyklika Humanae vitae

Ein Vorgänger seligen Angedenkens, der Diener Gottes Paul VI., veröffentlichte am 25. Juli 1968 die Enzyklika Humanae vitae. Dieses Dokument wurde schnell zu einem Zeichen des Widerspruchs. Ausgearbeitet im Licht einer schwierigen Entscheidung, ist es ein bedeutsamer und mutiger Schritt, um die Kontinuität der Lehre und der Überlieferung der Kirche zu bekräftigen. Über diesen oft mißverstandenen Text wurde viel diskutiert, auch weil er in die Anfangszeit tiefgreifender Proteste fiel, die das Leben ganzer Generationen geprägt haben. 40 Jahre nach ihrer Veröffentlichung zeigt diese Lehre nicht nur ihre unveränderte Wahrheit auf, sondern sie offenbart auch die Weitsicht, mit

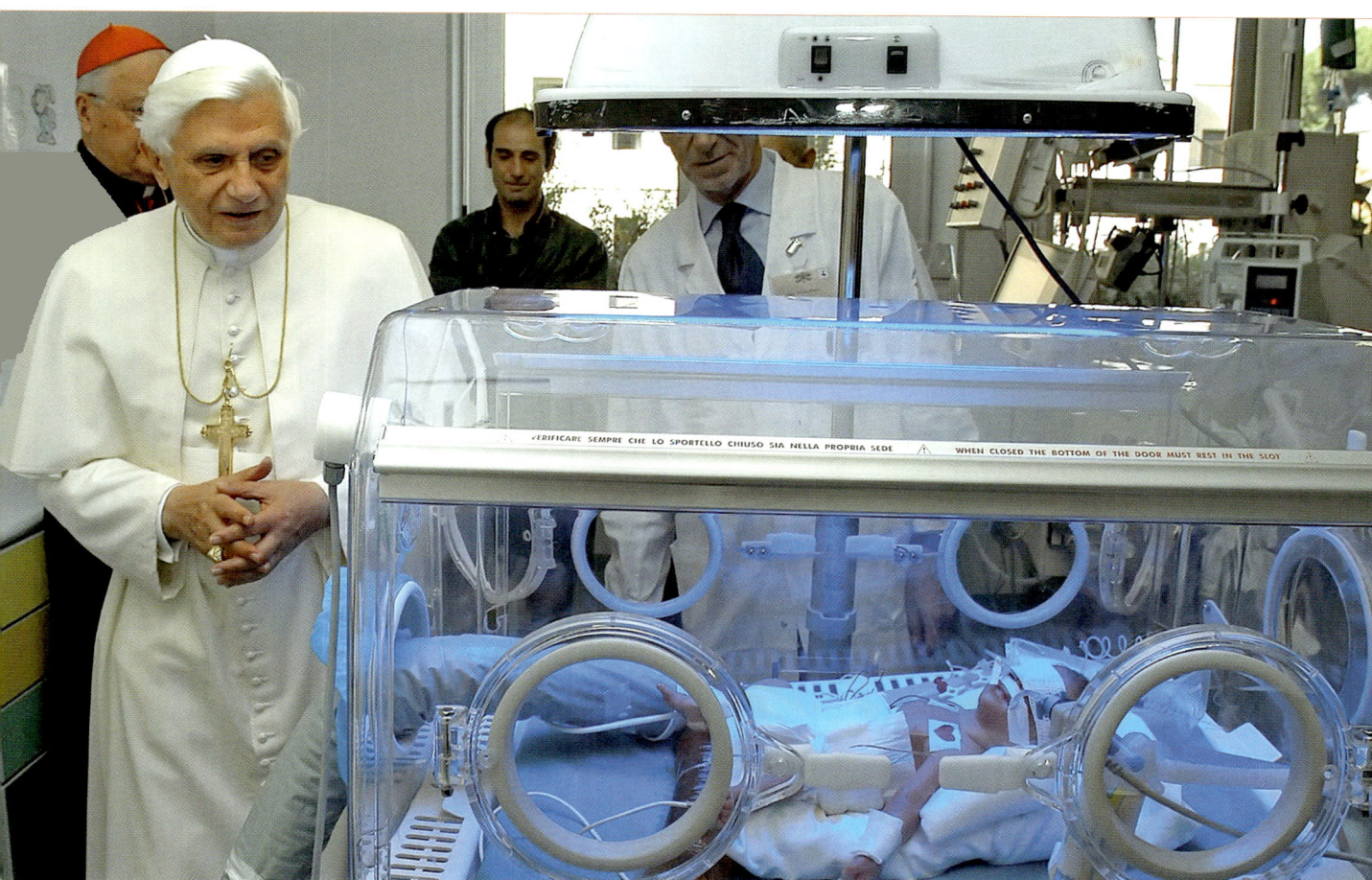

der man dem Problem begegnete. Die eheliche Liebe wird nämlich innerhalb eines ganzheitlichen Prozesses beschrieben, der nicht bei der Trennung von Seele und Leib haltmacht und auch nicht dem bloßen oft flüchtigen und vergänglichen Gefühl unterworfen ist, sondern Sorge trägt um die Einheit der Person und die vollkommene Gemeinschaft der Eheleute, die sich in der gegenseitigen Annahme einander hingeben im Versprechen treuer und ausschließlicher Liebe, das einer wirklich freien

Entscheidung entspringt. Wie könnte eine solche Liebe sich dem Geschenk des Lebens verschließen? Das Leben ist immer ein unschätzbares Geschenk; bei seinem Entstehen nehmen wir jedes Mal die Macht des schöpferischen Wirkens Gottes wahr, der dem Menschen vertraut und ihn so beruft, durch die Kraft der Hoffnung die Zukunft aufzubauen.

Das Lehramt der Kirche kann sich nicht seiner Pflicht entziehen, auf immer neue und tiefere Weise über die Grundprinzipien nachzudenken, die Ehe und Fortpflanzung betreffen. Was gestern wahr gewesen ist, bleibt auch heute wahr. Die Wahrheit, die in der Enzyklika *Humanae vitae* zum Ausdruck gebracht wird, ändert sich nicht. Im Gegenteil, gerade im Licht der neuen wissenschaftlichen Errungenschaften wird ihre Lehre immer aktueller und fordert dazu heraus, über den ihr innewohnenden Wert nachzudenken. Der Schlüssel, der einen konsequenten Zugang zu ihren Inhalten verschafft, ist und bleibt die Liebe. In meiner ersten Enzyklika *Deus caritas est* habe ich geschrieben: „Der Mensch wird dann ganz er selbst, wenn Leib und Seele zu innerer Einheit finden … Aber es lieben nicht Geist oder Leib – der Mensch, die Person, liebt als ein einziges und einiges Geschöpf, zu dem beides gehört" (Nr. 5). Ohne diese Einheit geht der Wert der Person verloren und man gerät in die große Gefahr, den Leib als bloße „Sache" zu betrachten, die man kaufen und verkaufen kann (vgl. ebd.). In einer Kultur, die dem Haben größeren Wert beimißt als dem Sein, läuft das menschliche Leben Gefahr, seinen Wert zu verlieren. Wenn die Ausübung der Sexualität zur Droge wird, die dem Partner eigene Wünsche und Interessen auferlegen will, ohne die Zeiten der geliebten Person zu respektieren, dann gilt es nicht mehr nur die wahre Auffassung von der Liebe zu verteidigen, sondern in erster Linie die Würde der Person selbst. Als Gläubige

dürfen wir niemals zulassen, daß die Herrschaft der Technik die Qualität der Liebe und die Heiligkeit des Lebens entwertet.

Nicht zufällig beruft sich Jesus, wenn er über die menschliche Liebe spricht, auf das, was Gott am Anfang der Schöpfung gewirkt hat (vgl. Mt 19,4–6). Seine Lehre verweist auf einen ungeschuldeten Akt Gottes. Durch ihn wollte der Schöpfer nicht nur den Reichtum seiner Liebe, die sich öffnet und allen hinschenkt, zum Ausdruck bringen, sondern auch ein Urbild formen, auf das das Handeln der Menschheit ausgerichtet sein soll. In der Fruchtbarkeit der ehelichen Liebe nehmen Mann und Frau am Schöpfungsakt des Vaters teil und machen sichtbar, daß am Ursprung ihres Ehelebens ein echtes „Ja" steht, das in Gegenseitigkeit ausgesprochen und wirklich gelebt wird und das stets offen bleibt gegenüber dem Leben. Dieses Wort des Herrn dauert in seiner tiefen Wahrheit unverändert fort und kann durch die verschiedenen und manchmal sogar widersprüchlichen Theorien nicht ausgelöscht werden, die im Laufe der Jahre aufeinander gefolgt sind. Das natürliche Sittengesetz, das der Anerkennung der wahren Gleichheit zwischen Personen und Völkern zugrunde liegt, sollte als die Quelle erkannt werden, an der sich auch die Beziehung der Eheleute untereinander und ihre Verantwortung, Kinder zu zeugen, ausrichten muß. Die Weitergabe des Lebens ist in die Natur eingeschrieben, und ihre Gesetze sind eine ungeschriebene Norm, auf die alle Bezug nehmen müssen. Jeder Versuch, den Blick von diesem Grundsatz abzuwenden, bleibt unfruchtbar und schafft keine Zukunft.

Es ist dringend notwendig, daß wir einen Bund wiederentdecken, der stets fruchtbar war, als er geachtet wurde; Vernunft und Liebe stehen bei ihm an erster Stelle. Ein scharfsinniger Meister wie Wilhelm von Saint-Thierry konnte Worte schreiben, deren tiefe Gültigkeit wir auch in unserer Zeit verspüren: „Wenn sie einander aushelfen, dann belehrt die Vernunft die Liebe und erleuchtet die Liebe die Vernunft. Die Vernunft schmiegt sich der Regung der Liebe ein, und die Liebe läßt sich die Grenzen der Vernunft gefallen. Auf diese Weise vermögen sie Großes" (Über die Natur und Würde der Liebe, 25). Was ist dieses „Große", das wir erleben können? Es ist das Entstehen der Verantwortung für das Leben, die die Selbsthingabe eines Menschen an den anderen fruchtbar macht. Es ist Frucht einer Liebe, die in voller Freiheit denken und entscheiden kann, ohne sich vom eventuell verlangten Opfer über die Maßen beeinflussen zu lassen. Hier entspringt das Wunder des Lebens, das die Eltern in sich selbst wahrnehmen, indem sie das, was in ihnen und durch sie geschieht, als etwas Außerordentliches erfahren. Keine mechanische Technik

kann den gegenseitigen Liebesakt der beiden Eheleute ersetzen, der Zeichen eines größeren Geheimnisses ist, durch das sie als Protagonisten an der Schöpfung beteiligt sind.

Leider wird man jedoch immer häufiger Zeuge trauriger Ereignisse, die die Jugendlichen betreffen, deren Reaktionen zeigen, daß sie die Geheimnisse des Lebens und die gefährlichen Auswirkungen ihres Handelns nicht richtig kennen. Die dringende Notwendigkeit der Erziehung, auf die ich oft Bezug nehme, beinhaltet vorrangig das Thema des Lebens. Ich wünsche wirklich, daß vor allem den jungen Menschen ganz besondere Aufmerksamkeit gewidmet wird, damit sie lernen können, was der wahre Sinn der Liebe ist, und durch eine geeignete Sexualerziehung darauf vorbereitet werden, ohne sich durch oberflächliche Botschaften ablenken zu lassen, die es verhindern, zum Wesentlichen der Wahrheit, die auf dem Spiel steht, zu gelangen. Es macht einer Gesellschaft, die sich auf freiheitliche und demokratische Grundsätze beruft, keine Ehre, falsche Illusionen im Bereich der Liebe zu vermitteln oder über die wahre Verantwortung, die man durch die Ausübung der eigenen Sexualität übernehmen muß, hinwegzutäuschen. Die Freiheit muß mit Wahrheit und Verantwortung verbunden sein, mit der

Kraft der Hingabe an den anderen, die auch das Opfer einschließt; ohne diese Elemente wächst die menschliche Gemeinschaft nicht, und es droht die Gefahr, sich in einem Kreis des alles erstickenden Egoismus zu verschließen.

Die in der Enzyklika *Humanae vitae* zum Ausdruck gebrachte Lehre ist nicht einfach. Sie entspricht jedoch der grundlegenden Struktur, durch die das Leben seit der Schöpfung der Welt stets weitergegeben wird, unter Achtung der Natur und ihren Anforderungen entsprechend. Die Achtung gegenüber dem menschlichen Leben und die Wahrung der Würde der Person machen es notwendig, daß wir nichts unversucht lassen, um alle an der echten Wahrheit der verantwortlichen ehelichen Liebe teilhaben zu lassen, in vollkommener Treue gegenüber dem Gesetz, das in das Herz jedes Menschen eingeschrieben ist.

Lebensrecht und Gewissensentscheidung

Es ist für das christliche Gewissen eine innere Notwendigkeit, mit den vielfältigen und gewichtigen Motivationen genährt und gestärkt zu werden, die sich für das Recht auf Leben stark

machen. Es ist ein Recht, das von allen vertreten werden muß, weil es in bezug auf die anderen Menschenrechte das Grundrecht ist. Das bekräftigt die Enzyklika *Evangelium vitae:* „Selbst in Schwierigkeiten und Unsicherheiten vermag jeder Mensch, der in ehrlicher Weise für die Wahrheit und das Gute offen ist, im Licht der Vernunft und nicht ohne den geheimnisvollen Einfluß der Gnade im ins Herz geschriebenen Naturgesetz (vgl. Röm 2,14–15) den heiligen Wert des menschlichen Lebens vom ersten Augenblick bis zu seinem Ende zu erkennen und das Recht jedes Menschen zu bejahen, daß dieses sein wichtigstes Gut in höchstem Maße geachtet werde. Auf der Anerkennung dieses Rechtes beruht das menschliche Zusammenleben und das politische Gemeinwesen" (Nr. 2). Dieselbe Enzyklika ruft in Erinnerung: „Besonders verteidigen und fördern müssen dieses Recht die Christgläubigen im Bewußtsein der wunderbaren Wahrheit, an die das II. Vatikanische Konzil erinnert: ,Der Sohn Gottes hat sich in seiner Menschwerdung gewissermaßen mit jedem Menschen vereinigt.' Denn in diesem Heilsereignis offenbart sich der Menschheit nicht nur die unendliche Liebe Gottes, der ,die Welt so sehr geliebt (hat), daß er seinen einzigen Sohn hingab' (Joh 3,16), sondern auch der unvergleichliche Wert jeder menschlichen Person" (ebd.).

Der Christ ist deshalb ständig aufgerufen, aktiv zu werden, um den zahlreichen Angriffen, denen das Recht auf Leben ausgesetzt ist, die Stirn zu bieten. Er weiß, daß er dabei auf Begründungen zählen kann, die tief im Naturrecht verwurzelt sind und daher von jedem Menschen rechten Gewissens geteilt werden können. In dieser Hinsicht ist vor allem nach der Veröffentlichung der Enzyklika *Evangelium vitae* viel getan worden, damit die Inhalte dieser Begründungen in der christlichen Gemeinschaft und in der Zivilgesellschaft besser bekannt gemacht werden könnten; man muß freilich eingestehen, daß sich die Angriffe gegen das Recht auf Leben in der ganzen Welt ausgeweitet und vervielfacht und dabei auch neue Formen angenommen haben. So wächst der Druck für die Legalisierung der Abtreibung in den Ländern Lateinamerikas und in den Entwicklungsländern immer stärker, wobei man – unter dem Vorwand der Fortpflanzungsgesundheit – auch auf die Freigabe neuer Formen der chemischen Abtreibung zurückgreift: Die politischen Maßnahmen zur Kontrolle des Bevölkerungswachstums werden gesteigert, obwohl sie heute auch auf wirtschaftlicher und sozialer Ebene als schädlich gelten.

Gleichzeitig wächst in den entwickelten Ländern das Interesse an einer immer mehr verfeinerten biotechnologischen Forschung, um subtile und weitreichende Methoden der Eugenik einzuführen, bis hin zu der obsessiven Suche nach dem „perfekten Kind", was man durch die Verbreitung der künstlichen Fortpflanzung und verschiedener Formen der Diagnose, die dessen Selektion sicherstellen sollen, zu erreichen versucht. Eine neue Welle diskriminierender Eugenik findet Zuspruch im Namen des vermeintlichen Wohls der Individuen; und insbesondere in der wirtschaftlich fortgeschrittenen Welt werden Gesetze zur Legalisierung der Euthanasie gefördert. Das alles geschieht, während auf der anderen Seite die Bestrebungen wachsen, Lebensgemeinschaften zu legalisieren, die eine Alternative zur Ehe darstellen und einer natürlichen Fortpflanzung verschlossen sind. In diesen Situationen zeigt das Gewissen, das von den Mitteln kollektiven Drucks manchmal überwältigt ist, nicht genügend Wachsamkeit gegenüber dem Ernst der anstehenden Probleme, und die Macht der Stärkeren schwächt und lähmt anscheinend auch die Menschen guten Willens.

Deshalb bedarf es noch dringender des Appells an das Gewissen, insbesondere an das christliche Gewissen. „Das Gewissen" – sagt der *Katechismus der Katholischen Kirche* – „ist ein Urteil der Vernunft, in welchem der Mensch erkennt, ob eine konkrete Handlung, die er beabsichtigt, gerade ausführt

oder schon getan hat, sittlich gut oder schlecht ist. Bei allem, was er sagt und tut, ist der Mensch verpflichtet, sich genau an das zu halten, wovon er weiß, daß es recht und richtig ist" (Nr. 1778). Aus dieser Definition geht hervor, daß das Gewissen, wenn es in der Lage sein soll, das menschliche Verhalten richtig zu leiten, vor allem auf dem festen Fundament der Wahrheit gründen muß; das heißt, es muß erleuchtet werden, um den wahren Wert der Handlungen und die Beschaffenheit der Bewertungskriterien zu erkennen, so daß es das Gute vom Bösen zu unterscheiden weiß – auch dort, wo das soziale Umfeld, der kulturelle Pluralismus und die sich überschneidenden Interessen nicht von Nutzen sind.

Die Bildung eines wahren – weil auf der Wahrheit gegründeten – und eines rechten Gewissens – weil es dazu bestimmt ist, den Geboten der Wahrheit widerspruchslos, getreu und kompromißlos zu folgen – ist heute ein schwieriges und delikates, aber unverzichtbares Unterfangen. Und es ist ein Unterfangen, das leider durch verschiedene Faktoren behindert wird. Gerade in der derzeitigen Phase der sogenannten postmodernen Säkularisierung, die durch diskutierbare Formen der Toleranz gekennzeichnet ist, wächst nicht nur die Ablehnung der christlichen Tradition, sondern man mißtraut auch der Fähigkeit der Vernunft, die

Wahrheit wahrzunehmen, und entfernt sich von der Freude am Nachdenken. Um frei zu sein, müßte sich nach Ansicht mancher das individuelle Gewissen sogar sowohl der Bezüge zur Tradition entledigen als auch jener Bezüge, die auf die Vernunft gegründet sind. So hört das Gewissen, das ein auf die Wahrheit der Dinge ausgerichteter Akt der Vernunft ist, auf, Licht zu sein, und wird ein einfacher Hintergrund, auf den die Mediengesellschaft die widersprüchlichsten Bilder und Impulse projiziert.

Es bedarf einer neuen Erziehung zur Sehnsucht nach der Erkenntnis der authentischen Wahrheit, zur Verteidigung der eigenen Wahlfreiheit gegenüber den Verhaltensweisen der Masse und den Verlockungen der Werbung, um die Leidenschaft für die moralische Schönheit und die Klarheit des Gewissens zu nähren. Das ist die delikate Aufgabe der Eltern und der Erzieher, die ihnen zur Seite stehen; und es ist die Aufgabe der christlichen Gemeinschaft gegenüber ihren Gläubigen. Was das christliche Gewissen, sein Wachstum und seine Nahrung betrifft, darf man sich nicht mit einem flüchtigen Kontakt mit den grundlegenden Glaubenswahrheiten in der Kindheit begnügen, sondern es bedarf eines Weges, der die verschiedenen Etappen des Lebens begleitet und den Geist und das Herz für die Annahme der grundlegenden Verpflichtungen öffnet, auf die sich die Existenz sowohl des einzelnen wie der Gemeinschaft stützt. Nur so wird es möglich sein, die Jugendlichen zum Verständnis der Werte des Lebens, der Liebe, der Ehe und der Familie hinzuführen. Nur so wird man sie dazu bringen können, die Schönheit und Heiligkeit der Liebe, die Freude und die Verantwortung zu schätzen, Eltern und Mitarbeiter Gottes in der Weitergabe des Lebens zu sein. Wenn eine kontinuierliche und qualifizierte Bildung fehlt, wird die Urteilsfähigkeit bei den Problemen, vor die uns die Biomedizin im Bereich der Sexualität, des beginnenden Lebens und der Fortpflanzung stellt, noch problematischer; gleiches gilt für die Weise des Umgangs mit Patienten und den schwachen Gruppen der Gesellschaft und deren Pflege.

Es ist sicher notwendig, über die diese Themen betreffenden moralischen Kriterien mit den beruflich als Ärzte und Juristen tätigen Personen zu reden, um sie zur Ausarbeitung eines kompetenten Gewissensurteils und, falls notwendig, auch zu einer mutigen Verweigerung aus Gewissensgründen zu verpflichten. Aber eine gleiche Dringlichkeit im Ausbildungsprozeß der Jugendlichen und der Erwachsenen besteht an der Basis, für die Familien und die Pfarrgemeinden. Unter diesem Aspekt gilt es, die christliche Bildung, die auf das Kennenlernen der Person Christi,

seines Wortes und der Sakramente ausgerichtet ist, auf dem Glaubensweg der Kinder und Jugendlichen kohärent mit dem Sprechen über die moralischen Werte zu verbinden, die die Leiblichkeit, die Sexualität, die menschliche Liebe, die Fortpflanzung, die Achtung vor dem Leben in allen Augenblicken betreffen. Gleichzeitig muß mit stichhaltigen und präzisen Gründen die Mißbilligung der Verhaltensweisen deutlich gemacht werden, die diesen primären Werten zuwiderlaufen. In diesem spezifischen Bereich wird das Wirken der Priester in angemessener Weise durch den Einsatz von Erziehern im Laienstand, auch Spezialisten, unterstützt werden müssen, die sich der Aufgabe verschrieben haben, die kirchlichen Realitäten mit ihrem vom Glauben erleuchteten Wissen zu leiten. (...)

„Denn der Mensch hat ein Gesetz, das von Gott seinem Herzen eingeschrieben ist, dem zu gehorchen eben seine Würde ist und gemäß dem er gerichtet werden kann" (Gaudium et spes, 16). Das Konzil hat weise Richtlinien angeboten, damit „die Gläubigen genau zu unterscheiden lernen zwischen den Rechten und Pflichten, die sie haben, insofern sie zur Kirche gehören, und denen, die sie als Glieder der menschlichen Gesellschaft haben", und damit sie „sie harmonisch miteinander zu verbinden suchen und daran denken, daß sie sich auch in jeder zeitlichen Angelegenheit vom christlichen Gewissen führen lassen müssen; keine menschliche Tätigkeit, auch in weltlichen Dingen nicht, läßt sich ja der Herrschaft Gottes entziehen" (Lumen gentium, 36). Aus eben diesem Grund ermahnt das Konzil die gläubigen Laien, das aufzunehmen, „was die geweihten Hirten … als Lehrer und Leiter in der Kirche festsetzen". Und auf der anderen Seite empfiehlt es, daß „die Hirten die Würde und Verantwortung der Laien in der Kirche anerkennen und fördern. Sie sollen gern deren klugen Rat benutzen", und sagt abschließend: „Aus diesem vertrauten Umgang zwischen Laien und Hirten kann man viel Gutes für die Kirche erwarten" (Lumen gentium, 37).

Wenn es um den Wert des menschlichen Lebens geht, wird diese Harmonie zwischen der Funktion des Lehramtes und dem Einsatz der Laien in einzigartiger Weise wichtig: Das Leben ist das erste der von Gott empfangenen Güter und die Grundlage aller anderen. Allen und für alle auf gleiche Weise das Recht auf Leben zu garantieren ist eine Pflicht, von deren Erfüllung die Zukunft der Menschheit abhängt.

Embryonenschutz

„Als Elisabeth den Gruß Marias hörte, hüpfte das Kind in ihrem Leib" (Lk 1,41). Der hl. Ambrosius kommentiert diese Stelle: Elisabeth „nahm die Ankunft Marias wahr, er [Johannes] die Ankunft des Herrn; die Frau die Ankunft der Frau, das Kind die Ankunft des Kindes" (Kommentar zum Lukasevangelium, 2,19.22–26). Aber trotz des Fehlens ausdrücklicher Lehren über die allerersten Lebenstage des Ungeborenen ist es dennoch möglich, in der Heiligen Schrift wertvolle Hinweise zu finden, die besonders bei denen, die sich (…) das Ziel setzen, das Geheimnis der Entstehung des Menschen zu erforschen, Gefühle der Bewunderung und Achtung gegenüber dem gerade erst empfangenen Menschen hervorrufen. Die Heilige Schrift will nämlich die Liebe Gottes zu jedem menschlichen Leben zeigen, noch ehe es im Mutterleib Gestalt annimmt. „Noch ehe ich dich im Mutterleib formte, habe ich dich ausersehen, noch ehe du aus dem Mutterschoß hervorkamst, habe ich dich geheiligt" (Jer 1,5), sagt Gott zum Propheten Jeremia. Und der Psalmist anerkennt voll Dankbarkeit: „Denn du hast mein Inneres geschaffen, mich gewoben im Schoß meiner Mutter. Ich danke dir, daß du mich so wunderbar gestaltet hast. Ich weiß: Staunenswert sind deine Werke"

(Ps 139,13–14). Das sind Worte, die ihren ganzen Bedeutungsreichtum gewinnen, wenn man bedenkt, daß Gott bei der Schaffung der Seele jedes neuen Menschen direkt eingreift.

Die Liebe Gottes macht keinen Unterschied zwischen dem neu empfangenen Kind, das sich noch im Leib seiner Mutter befindet, und dem Kleinkind oder dem Jugendlichen oder dem Erwachsenen oder dem alten Menschen. Sie macht keinen Unterschied, weil sie in jedem von ihnen die Spur seines Bildes und der Ähnlichkeit mit ihm sieht (vgl. Gen 1,26). Sie macht keinen Unterschied, weil sie in allen als Widerschein das Antlitz des eingeborenen Sohnes Gottes erkennt, in dem „er uns erwählt hat vor der Erschaffung der Welt …; er hat uns aus Liebe im voraus dazu bestimmt, seine Söhne zu werden … nach seinem gnädigen Willen" (Eph 1,4–6). Diese unermeßliche und fast unbegreifliche Liebe zum Menschen offenbart, bis zu welchem Grad die menschliche Person würdig ist, um ihrer selbst willen geliebt zu werden, unabhängig von jeder anderen Voraussetzung – Intelligenz, Schönheit, Gesundheit, Jugendlichkeit, Integrität und so weiter. Schließlich ist das menschliche Leben immer ein Gut, denn „es ist in der Welt Offenbarung Gottes, Zeichen seiner Gegenwart, Spur seiner Herrlichkeit" (Johannes Paul II., Enzyklika Evangelium vitae, 34). Dem Menschen wird nämlich eine sehr hohe Würde geschenkt, die ihre Wurzeln in dem engen Band hat, das ihn mit seinem Schöpfer verbindet: Im Menschen, in jedem Menschen, und zwar in jeder Phase und auch in jedem Zustand seines Lebens, leuchtet ein Widerschein der Wirklichkeit Gottes selbst auf. Deshalb hat das Lehramt der Kirche ständig den heiligen und unantastbaren Charakter jedes Menschenlebens von der Empfängnis bis zu seinem natürlichen Ende verkündet (vgl. ebd., 57). Dieses moralische Urteil gilt bereits vom Beginn des Lebens eines Embryos an, noch vor dessen Einnistung im mütterlichen Schoß, der ihn neun Monate lang bis zum Augenblick der Geburt schützen und nähren wird: „Das menschliche Leben ist in jedem Augenblick seiner Existenz, auch in jenem Anfangsstadium, das der Geburt vorausgeht, heilig und unantastbar" (ebd., 61).

Respekt vor dem Leben

Der Mensch ist nicht Herr über das Leben; er ist vielmehr sein Bewahrer und Verwalter. Und unter dem Primat Gottes entsteht automatisch die Priorität, das menschliche

Leben, das von Gott geschaffen wurde, zu verwalten und zu bewahren. Diese Wahrheit, daß der Mensch Bewahrer und Verwalter des Lebens ist, ist ein wesentlicher Punkt des Naturrechts, den die biblische Offenbarung ganz erhellt. Er ist heute ein „Zeichen, dem widersprochen wird" in Bezug auf die herrschende Mentalität. Es läßt sich einerseits allgemein ein umfassender Konsens über den Wert des Lebens beobachten, andererseits treffen jedoch, wenn man bei diesem Punkt, also der Frage nach der „Verfügbarkeit" oder der Unveräußerlichkeit des Lebens ankommt, zwei miteinander unvereinbare Mentalitäten aufeinander. Um es vereinfacht auszudrücken, könnten wir sagen: Der einen der beiden Mentalitäten zufolge liegt das menschliche Leben in der Hand des Menschen, während die andere erkennt, daß es in der Hand Gottes liegt. Die moderne Kultur hat zu Recht der Autonomie des Menschen und den irdischen Gegebenheiten großes Gewicht beigemessen und so eine Perspektive weiterentwickelt, die dem Christentum am Herzen liegt, die der Menschwerdung Gottes. Wenn aber, wie das II. Vatikanische Konzil deutlich gesagt hat, diese Autonomie dazu führt, zu glauben, „daß die geschaffenen Dinge nicht von Gott abhängen und der Mensch sie ohne Bezug auf den Schöpfer gebrauchen könne", dann ruft man dadurch ein starkes Ungleichgewicht hervor, „denn das

Geschöpf sinkt ohne den Schöpfer ins Nichts" (Gaudium et spes, 36). Es ist bedeutsam, daß das Konzilsdokument an der eben zitierten Stelle auch sagt, daß diese Fähigkeit, die Stimme und die Offenbarung Gottes in der Schönheit der Schöpfung zu erkennen, allen Gläubigen zu eigen ist, unabhängig von ihrer Religionszugehörigkeit. Wir können daraus schließen, daß der volle Respekt gegenüber dem Leben an den „religiösen Sinn" gebunden ist, an die innere Haltung, die der Mensch gegenüber der Realität einnimmt, die des Herrn oder die des Bewahrers. Übrigens leitet sich das Wort „Respekt" vom lateinischen Verb „respicere" – betrachten – ab, und bezeichnet eine Betrachtungsweise von Dingen und Personen, bei der man ihre Beschaffenheit wahrnimmt, ohne sich zum Herrn über sie zu machen, sondern sie rücksichtsvoll behandelt und für sie Sorge trägt. Letztendlich besteht die Gefahr, daß die Geschöpfe, wenn ihnen ihr Bezug zu Gott als transzendente Grundlage genommen wird, unter die Willkürherrschaft des Menschen fallen, der, wie wir sehen, mit ihnen Mißbrauch treiben kann.

SCHUTZ UND AUFGABE DER FAMILIE

Die Familie – Bindeglied zwischen einzelnem und Gesellschaft

Die Familie ist eine vermittelnde Institution zwischen dem Individuum und der Gesellschaft, und nichts kann sie gänzlich ersetzen. Sie beruht nämlich vor allem auf einer tiefen interpersonalen Beziehung zwischen Ehemann und Ehefrau, die von Zuneigung und gegenseitigem Verständnis getragen wird. Dazu erhält sie die reiche Hilfe Gottes im Sakrament der Ehe, das eine wahre Berufung zur Heiligkeit einschließt. Mögen die Kinder mehr die Momente der Harmonie und der Zuneigung der Eltern erfahren als eine Atmosphäre der Zwietracht und Gleichgültigkeit, denn die Liebe zwischen Vater und Mutter schenkt den Kindern eine große Sicherheit und lehrt sie die Schönheit der treuen und dauerhaften Liebe.

Die Familie ist ein notwendiges Gut für die Völker, ein unverzichtbares Fundament für die Gesellschaft und ein großer Schatz für die Eheleute während ihres ganzen Lebens. Sie ist ein unersetzliches Gut für die Kinder, die Frucht der Liebe und der großherzigen Ganzhingabe der Eltern sein sollen. Die ganze Wahrheit der Familie zu verkünden, die auf die Ehe als „Hauskirche und Heiligtum des Lebens" gegründet ist, dafür tragen alle eine große Verantwortung.

Vater und Mutter haben einander vor Gott das volle „Ja"-Wort gegeben, das die Grundlage des Sakraments ist, das sie vereint; ebenso müssen sie, damit die innere Beziehung der Familie vollständig ist, auch ein „Ja" der Annahme zu ihren Kindern sagen, den leiblichen oder adoptierten, die ihre eigene Persönlichkeit und ihren eigenen Charakter haben. So werden diese Kinder in einem Klima des Angenommenseins und der Liebe aufwachsen, und es ist zu hoffen, daß sie, wenn sie die nötige Reife haben, ihrerseits ein „Ja" zu denen sagen werden, die ihnen das Leben geschenkt haben.

Die Herausforderungen der heutigen Gesellschaft, die von Vereinzelung geprägt ist, wie sie vor allem im städtischen Bereich entsteht, machen es

dringend erforderlich zu garantieren, daß die Familien nicht allein gelassen werden. Eine kleine Familie kann schwer überwindbaren Hindernissen gegenüberstehen, wenn sie spürt, daß sie von den anderen Verwandten und ihren Freunden isoliert ist. Deshalb hat die kirchliche Gemeinschaft die Verantwortung, Unterstützung, Anregung und spirituelle Nahrung anzubieten, die den Familienzusammenhalt stärkt, vor allem in Zeiten der Prüfung und kritischen Stunden. Sehr wichtig ist in dieser Hinsicht die Arbeit der Pfarrgemeinden ebenso wie jene der verschiedenen kirchlichen Vereinigungen, die als unterstützende Strukturen und naher Beistand der Kirche mitwirken sollen, daß die Familie im Glauben wächst.

Christus hat offenbart, was stets die höchste Quelle des Lebens für alle und daher auch für die Familie ist: „Das ist mein Gebot: Liebt einander, so wie ich euch geliebt habe. Es gibt keine größere Liebe, als wenn einer sein Leben für seine Freunde hingibt" (Joh 15,12–13). Die Liebe Gottes hat sich in der Taufe über uns ergossen. Deshalb sind die Familien dazu berufen, diese Vollkommenheit der Liebe zu leben, denn der Herr macht sich zum Garanten dafür, daß uns das möglich ist durch die menschliche Liebe, feinfühlig, zärtlich, barmherzig wie die Liebe Christi.

Zusammen mit der Weitergabe des Glaubens und der Liebe des Herrn besteht eine der größten Aufgaben der Familien darin, freie und verantwortungsvolle Menschen heranzubilden. Deshalb sollen die Eltern ihren Kindern die Freiheit, deren Hüter sie einige Zeit lang sind, zurückgeben. Wenn die Kinder sehen, daß ihre Eltern – und überhaupt die Erwachsenen in ihrer Umgebung – ihr Leben trotz mancher Schwierigkeiten mit Freude und Begeisterung leben, wird auch in ihnen leichter die tiefe Lebensfreude wachsen, die ihnen helfen wird, mögliche Hindernisse und Widrigkeiten, die das Leben mit sich bringt, erfolgreich zu meistern. Wenn die Familie sich nicht in sich selbst verschließt, lernen die Kinder zudem, daß jede Person es wert ist, geliebt zu werden, und daß es eine grundsätzliche universale Brüderlichkeit zwischen allen Menschen gibt.

Ehe und Familie: Naturrecht und positives Recht

Das Naturrecht ist die Quelle, aus der zusammen mit Grundrechten auch sittliche Gebote entspringen, deren Einhaltung verpflichtend ist. In der der-

zeitigen Ethik und Rechtsphilosophie sind die Postulate des Rechtspositivismus weit verbreitet. Die Folge davon ist, daß die Gesetzgebung häufig lediglich zu einem Kompromiß zwischen verschiedenen Interessen wird: Man versucht, private Interessen oder Wünsche, die den aus der sozialen Verantwortung erwachsenden Verpflichtungen zuwiderlaufen, in Rechte umzuwandeln. In dieser Situation ist es angebracht, daran zu erinnern, daß jede Rechtsordnung, sowohl auf nationaler wie auf internationaler Ebene, ihre Rechtmäßigkeit letztlich aus ihrer Verwurzelung im Naturrecht, in der in das Sein des Menschen selbst eingeschriebenen ethischen Botschaft bezieht. Das Naturrecht ist schließlich das einzige gültige Bollwerk gegen die Willkür der

Macht oder die Täuschungen der ideologischen Manipulation. Die Kenntnis dieses Gesetzes, das in das Herz des Menschen eingeschrieben ist, wächst mit dem Fortschreiten des Gewissens. Die erste Sorge aller und insbesondere jener, die öffentliche Verantwortung tragen, müßte deshalb darin bestehen, das Reifen des Gewissens zu fördern. Das ist der grundlegende Fortschritt, ohne den sich alle anderen Fortschritte schließlich als unecht herausstellen. Das in unsere Natur eingeschriebene Gesetz ist die jedem angebotene Garantie dafür, frei und in seiner Würde geachtet leben zu können. Das bisher Gesagte findet sehr konkrete Anwendungen, wenn man es auf die Familie bezieht, das heißt auf jene „innige Gemeinschaft des Lebens und der Liebe in der Ehe, die vom Schöpfer begründet und mit eigenen Gesetzen geschützt" worden ist (II. Vatikan. Konzil, Pastoralkonstitution Gaudium et spes, 48). Das Zweite Vatikanische Konzil hat diesbezüglich in geeigneter Weise bekräftigt, daß die Ehe „eine nach göttlicher Ordnung feste Institution" und damit „dieses heilige Band" ist, das „im Hinblick auf das Wohl der Gatten und der Nachkommenschaft sowie auf das Wohl der Gesellschaft nicht mehr menschlicher Willkür unterliegt" (ebd.). Kein von den Menschen gemachtes Gesetz kann daher die vom Schöpfer geschriebene Norm umstürzen, ohne daß die Gesellschaft auf dramatische Weise in dem verletzt wird, was ihre eigentliche Grundlage darstellt. Dies zu vergessen, würde bedeuten, daß man die Familie schwächt, die Kinder benachteiligt und die Zukunft der Gesellschaft unsicher macht.

Der Staat und die Familie

Die Werte der Ehe zu fördern beeinträchtigt keineswegs die Fülle des Glücks, das Mann und Frau in ihrer gegenseitigen Liebe finden. Der Glaube und die christliche Ethik wollen die Liebe nicht ersticken, sondern sie reiner, stärker und wahrhaft frei machen. Deshalb muß die menschliche Liebe gereinigt werden, muß reifen und auch über sich selbst hinauswachsen, um vollkommen menschlich zu werden, um Ursprung wahrer, dauerhafter Freude zu sein (vgl. Ansprache in der Lateranbasilika, am 5. Juni 2006; in O. R. dt., Nr. 26, 30. 6. 2006, S. 8).

Ich lade also die Regierenden und die Gesetzgeber ein, über das offenkundige Gut nachzudenken, das der häusliche Herd in Frieden und Harmonie für den Menschen und für die Familie sicherstellt. Sie ist das vitale Zentrum der Gesellschaft, wie der Heilige Stuhl in der Charta der Familienrechte

in Erinnerung bringt. Das Ziel von Gesetzen ist das umfassende Wohl des Menschen, die Antwort auf seine Bedürfnisse und Wünsche. Dies ist eine beachtliche Hilfe für die Gesellschaft, die sie nicht entbehren kann, und für die Völker bedeutet es Schutz und Reinigung. Darüber hinaus ist die Familie eine Schule der Humanisierung des Menschen, damit er wächst, um wahrhaft Mensch zu werden. In dieser Hinsicht vermittelt die Erfahrung, von den Eltern geliebt zu sein, den Söhnen und Töchtern das Bewußtsein von ihrer Würde als Kindern.

Das empfangene Geschöpf muß im Glauben erzogen werden, muß geliebt und beschützt werden. Die Kinder haben neben dem Grundrecht, geboren und im Glauben erzogen zu werden, auch das Recht auf ein Zuhause, das das Haus von Nazareth zum Vorbild hat, und sie haben das Recht darauf, vor Gefahren und Bedrohungen geschützt zu werden. Wir haben gehört, daß ich der „Großvater der Welt" genannt worden bin.

und jeder öffentlichen Einrichtung darin, die Familie durch pastorale und politische Initiativen zu unterstützen, die den tatsächlichen Bedürfnissen der Ehepartner, der älteren Menschen und der jungen Generationen Rechnung tragen. Eine ruhige, vom Glauben und von heiliger Gottesfurcht erleuchtete Atmosphäre in der Familie fördert außerdem das Aufkeimen und Erblühen von Berufungen im Dienst des Evangeliums.

Die Bedeutung des Familienschutzes

Wir wissen gut, daß die auf der Ehe gegründete Familie das natürliche Umfeld für die Geburt und die Erziehung der Kinder und daher auch für die Sicherung der Zukunft der gesamten Menschheit darstellt. Wir wissen aber auch, daß sie eine tiefe Krise erlebt und sich heute vielfältigen Herausforderungen stellen muß. Daher ist es notwendig, sie zu verteidigen, ihr zu helfen, sie zu schützen und den Wert ihrer unwiederholbaren Einzigartigkeit zu erfassen. Diese Aufgabe obliegt zwar in erster Linie den Eheleuten, jedoch besteht auch eine der vorrangigen Pflichten der Kirche

Krise der Familie – Krise der Welt

Besorgniserregend ist darüber hinaus die Krise, in der sich die Familie befindet, die Keimzelle der Gesellschaft, die auf der unauflöslichen Ehe zwischen einem Mann und einer Frau gründet. Die Erfahrung zeigt: Wenn die Wahrheit des Menschen verletzt wird, wenn die Fundamente der Familie untergraben werden, dann ist der Friede selbst gefährdet, dann droht das Recht Schaden zu nehmen und man geht, als logische Folge daraus, Ungerechtigkeiten und Gewalt entgegen.

Die Menschheitsfamilie, eine Gemeinschaft des Friedens

Die erste Form der Gemeinsamkeit zwischen Menschen ist die, welche aus der Liebe zwischen einem Mann und einer Frau hervorgeht, die entschlossen sind, sich auf immer zusammenzuschließen, um miteinander eine neue Familie aufzubauen. Doch auch die Völker der Erde sind aufgerufen, untereinander Beziehungen der Solidarität und der Zusammenarbeit zu schaffen, wie sie sich für Glieder der einen Menschheitsfamilie geziemen. „Alle Völker sind eine einzige Gemeinschaft", hat das Zweite Vatikanische Konzil gesagt, „sie haben denselben Ursprung, da Gott das ganze Menschengeschlecht auf dem gesamten Erdkreis wohnen ließ (vgl. Apg 17,26); auch haben sie Gott als ein und dasselbe letzte Ziel" (Erkl. Nostra aetate, 1).

Familie, Gesellschaft und Frieden

Die auf die Ehe zwischen einem Mann und einer Frau gegründete natürliche Familie als innige Gemeinschaft des Lebens und der Liebe (vgl. Zweites Vatikanisches Konzil, Past. Konst. Gaudium et spes, 48) ist der „erste Ort der „Humanisierung" der Person und der Gesellschaft", (Johannes Paul II., Apostolisches Schreiben Christifideles laici, 40: AAS 81 [1989] 469) die „Wiege des Lebens und der Liebe" (ebd.). Zu Recht wird darum die Familie als die erste natürliche Gesellschaft bezeichnet, als „eine göttliche Einrichtung, die als Prototyp jeder sozialen Ordnung das Fundament des Lebens der Personen bildet" (Päpstlicher Rat für Gerechtigkeit und Frieden, Kompendium der Soziallehre der Kirche, Nr. 211).

Tatsächlich macht man in einem gesunden Familienleben die Erfahrung einiger grundsätzlicher Komponenten des Friedens: Gerechtigkeit und Liebe unter den Geschwistern, die Funktion der Autorität, die in den Eltern ihren Ausdruck findet, der liebevolle Dienst an den schwächsten – weil kleinen oder kranken oder alten – Gliedern, die gegenseitige Hilfe in den Bedürfnissen des Lebens, die Bereitschaft, den anderen anzunehmen und ihm nötigenfalls zu verzeihen. Deswegen ist die Familie die erste und unersetzliche Erzieherin zum Frieden. So ist es nicht verwunderlich, daß innerfamiliäre Gewalt als besonders untragbar empfunden wird. Wenn also die Familie als „Grund- und Lebenszelle der Gesellschaft" (Zweites Vatikanisches Konzil, Dekret Apostolicam actuositatem, 11) bezeichnet wird, ist damit etwas Wesentliches ausgedrückt. Die Familie ist das Fundament der Gesellschaft auch deshalb, weil sie die Möglichkeit zu entscheidenden Erfahrungen von Frieden bietet. Daraus folgt, daß die menschliche Gemeinschaft auf den Dienst, den die Familie leistet, nicht verzichten kann. Wo könnte der Mensch in der Phase seiner Prägung besser lernen, die unverfälschte Atmosphäre des Friedens zu genießen, als im ursprünglichen „Nest", das die Natur ihm vorbereitet? Der familiäre Wortschatz ist ein Wortschatz des Friedens; aus ihm muß man immer wieder schöpfen, um das Vokabular des Friedens nicht zu verlernen. In der Inflation der Sprache darf die Gesellschaft den Bezug zu jener „Grammatik" nicht verlieren, die jedes Kleinkind aus den Gesten und Blicken von Mutter und Vater aufnimmt, noch bevor es sie aus ihren Worten erlernt.

Da der Familie die Aufgabe der Erziehung ihrer Glieder zukommt, hat sie spezifische Rechte. Die Allgemeine Erklärung der Menschenrechte, die eine Errungenschaft einer Rechtskultur von wirklich universellem Wert darstellt, bestätigt: „Die Familie ist die natürliche Grundeinheit der Gesellschaft und hat Anspruch auf Schutz durch Gesellschaft und Staat" (Art. 16/3). Der Heilige Stuhl hat seinerseits der Familie eine besondere rechtliche Würde zuerkannt, indem er die Charta der Familienrechte veröffentlichte. In der Präambel heißt es: „Die Rechte der Person haben, auch wenn sie als Rechte des Individuums formuliert sind, eine grundlegende gesellschaftliche Dimension, die in der Familie ihren ureigentlichen und vitalen Ausdruck findet"

(Päpstlicher Rat für die Familie, Charta der Familienrechte, 24. November 1983, Präambel, A). Die in der Charta aufgestellten Rechte sind Ausdruck und deutliche Darlegung des Naturrechtes, das ins Herz des Menschen eingeschrieben ist und ihm durch die Vernunft offenbar wird. Die Leugnung oder auch Einschränkung der Rechte der Familien bedroht, indem sie die Wahrheit über den Menschen verdunkelt, die Grundlagen des Friedens selbst.

Wer die Einrichtung der Familie behindert – und sei es auch unbewußt –, macht also den Frieden in der gesamten nationalen und internationalen Gemeinschaft brüchig, denn er schwächt das, was tatsächlich die wichtigste „Agentur" des Friedens ist. Dies ist ein Punkt, der einer besonderen Überlegung wert ist: Alles, was dazu beiträgt, die auf die Ehe eines Mannes und einer Frau gegründete Familie zu schwächen, was direkt oder indirekt die Bereitschaft der Familie zur verantwortungsbewußten Annahme eines neuen Lebens lähmt, was ihr Recht, die erste Verantwortliche für die Erziehung der Kinder zu sein, hintertreibt, stellt ein objektives Hindernis auf dem Weg des Friedens dar. Die Familie braucht ein Heim, sie braucht die Arbeit bzw. die gerechte Anerkennung der häuslichen Tätigkeit der Eltern, eine Schule für die Kinder und eine medizinische Grundversorgung für alle. Wenn Gesellschaft und Politik

sich nicht dafür einsetzen, der Familie auf diesen Gebieten zu helfen, bringen sie sich um eine wesentliche Quelle im Dienst des Friedens. Besonders die Massenmedien haben wegen der erzieherischen Möglichkeiten, über die sie verfügen, eine spezielle Verantwortung, die Achtung der Familie zu fördern, ihre Erwartungen und Rechte darzulegen und ihre Schönheit herauszustellen.

Die Menschheit ist eine große Familie

Auch die soziale Gemeinschaft muß sich, um im Frieden zu leben, an den Werten orientieren, auf die sich die familiäre Gemeinschaft stützt. Das gilt für die örtlichen wie für die nationalen Gemeinschaften; es gilt sogar für die Völkergemeinschaft, für die Menschheitsfamilie, die in jenem gemeinsamen Haus wohnt, das die Erde ist. Unter diesem Gesichtspunkt darf man jedoch nicht vergessen, daß die Familie aus dem verantwortungsvollen und definitiven Ja eines Mannes und einer Frau hervorgeht und von dem bewußten Ja der Kinder lebt, die nach und nach dazukommen. Um zu gedeihen, braucht die familiäre Gemeinschaft das großherzige Einvernehmen aller ihrer Glieder. Es ist nötig, daß dieses Bewußtsein auch zur gemeinsamen Überzeugung aller wird, die berufen sind, die allgemeine Menschheitsfamilie zu bilden. Man muß fähig sein, persönlich Ja zu dieser Berufung zu sagen, die

Gott eigens in unsere Natur eingeschrieben hat. Wir leben nicht zufällig nebeneinander; als Menschen sind wir alle auf demselben Weg und darum gehen wir ihn als Brüder und Schwestern. Deshalb ist es wesentlich, daß jeder sich bemüht, sein Leben in einer Haltung der Verantwortlichkeit vor Gott zu leben, indem er in Ihm den Urquell der eigenen Existenz wie auch jener der anderen erkennt. In der Rückbesinnung auf diesen höchsten Ursprung können der unbedingte Wert eines jeden Menschen wahrgenommen und so die Voraussetzungen für den Aufbau einer versöhnten Menschheit geschaffen werden. Ohne dieses transzendente Fundament ist die Gesellschaft nur eine Ansammlung von Nachbarn, nicht eine Gemeinschaft von Brüdern und Schwestern, die berufen sind, eine große Familie zu bilden.

Familie, menschliche Gemeinschaft und Umwelt

Die Familie braucht ein Heim, eine ihr angemessene Umgebung, in der sie ihre Beziehungen knüpfen kann. Für die Menschheitsfamilie ist dieses Heim die Erde, die Umwelt, die Gott, der Schöpfer, uns gegeben hat, damit wir sie mit Kreativität und Verantwortung bewohnen. Wir müssen für die Umwelt Sorge tragen: Sie ist dem Menschen anvertraut, damit er sie in verantwortlicher Freiheit bewahrt und kultiviert,

wobei sein Orientierungsmaßstab immer das Wohl aller sein muß. Natürlich besitzt der Mensch einen Wertvorrang gegenüber der gesamten Schöpfung. Die Umwelt zu schonen heißt nicht, die Natur oder die Tierwelt wichtiger einzustufen als den Menschen. Es bedeutet vielmehr, sie nicht in egoistischer Weise als völlig verfügbar für die eigenen Interessen anzusehen, denn auch die kommenden Generationen haben das Recht, aus der Schöpfung Nutzen zu ziehen, indem sie ihr gegenüber dieselbe verantwortliche Freiheit zum Ausdruck bringen, die wir für uns beanspruchen. Ebenso dürfen die Armen nicht vergessen werden, die in vielen Fällen von der allgemeinen Bestimmung der Güter der Schöpfung ausgeschlossen sind. Heute bangt die Menschheit um das künftige ökologische Gleichgewicht. Es ist gut, diesbezügliche Einschätzungen mit Bedachtsamkeit, im Dialog zwischen Experten und Gelehrten, ohne ideologische Beschleunigungen auf übereilte Schlußfolgerungen hin vorzunehmen; vor allem sollte dabei ein annehmbares Entwicklungsmodell gemeinsam vereinbart werden, das unter Beachtung des ökologischen Gleichgewichts das Wohlergehen aller gewährleistet. Wenn der Umweltschutz mit Kosten verbunden ist, müssen diese gerecht verteilt werden, indem man die Unterschiede in der Entwicklung der verschiedenen Länder und die Solidarität mit den kommenden Generationen berücksichtigt.

Bedachtsamkeit bedeutet nicht, keine eigene Verantwortung zu übernehmen und Entscheidungen aufzuschieben; es bedeutet vielmehr, es sich zur Pflicht zu machen, nach verantwortungsbewußter Abwägung gemeinsam zu entscheiden, welcher Weg einzuschlagen ist, mit dem Ziel, jenen Bund zwischen Mensch und Umwelt zu stärken, der ein Spiegel der Schöpferliebe Gottes sein soll – des Gottes, in dem wir unseren Ursprung haben und zu dem wir unterwegs sind.

Grundlegend ist in diesem Zusammenhang, die Erde als „unser gemeinsames Haus" zu „empfinden" und für ihre Nutzung im Dienste aller eher den Weg des Dialogs zu wählen als den der einseitigen Entscheidungen. Falls nötig, können die institutionellen Stellen auf internationaler Ebene vermehrt werden, um gemeinsam die Leitung dieses unseres „Hauses" in Angriff zu nehmen; noch mehr kommt es jedoch darauf an, im allgemeinen Bewußtsein die Überzeugung reifen zu lassen, daß eine verantwortliche Zusammenarbeit notwendig ist. Die Probleme, die sich am Horizont abzeichnen, sind komplex, und die Zeit drängt. Um der Situation wirksam entgegenzutreten, bedarf es der Übereinstimmung im Handeln. Ein Bereich, in dem es besonders notwendig wäre, den Dialog zwischen den Nationen zu intensivieren, ist jener der Verwaltung der Energiequellen des Planeten. Eine zweifache Dringlichkeit stellt sich diesbe-

züglich den technisch fortgeschrittenen Ländern: Einerseits müssen die durch das aktuelle Entwicklungsmodell bedingten hohen Konsumstandards überdacht werden, und andererseits ist für geeignete Investitionen zur Differenzierung der Energiequellen und für die Verbesserung der Energienutzung zu sorgen. Die Schwellenländer haben Energiebedarf, doch manchmal wird dieser Bedarf zum Schaden der armen Länder gedeckt, die wegen ihrer auch technisch ungenügenden Infrastrukturen gezwungen

sind, die in ihrem Besitz befindlichen Energieressourcen unter Preis zu verschleudern. Manchmal wird sogar ihre politische Freiheit in Frage gestellt durch Formen von Protektorat oder zumindest von Abhängigkeiten, die sich eindeutig als demütigend erweisen.

Familie, menschliche Gemeinschaft und Wirtschaft

Eine wesentliche Voraussetzung für den Frieden in den einzelnen Familien ist, daß

151

sie sich auf ein solides Fundament gemeinsam anerkannter geistiger und ethischer Werte stützen. Dazu ist aber ergänzend zu bemerken, daß die Familie eine echte Erfahrung von Frieden macht, wenn keinem das Nötige fehlt und das familiäre Vermögen – die Frucht der Arbeit einiger, des Sparens anderer und der aktiven Zusammenarbeit aller – gut verwaltet wird in Solidarität, ohne Unmäßigkeiten und ohne Verschwendungen. Für den familiären Frieden ist also einerseits die Öffnung auf ein transzendentes Erbe an Werten notwendig, andererseits aber ist es zugleich nicht bedeutungslos, sowohl die materiellen Güter klug zu verwalten als auch die zwischenmenschlichen Beziehungen mit Umsicht zu pflegen. Eine Vernachlässigung dieses Aspektes hat zur Folge, daß aufgrund der unsicheren Aussichten, welche die Zukunft der Familie bedrohen, das gegenseitige Vertrauen Schaden nimmt.

Ähnliches ist über jene andere große Familie zu sagen, welche die Menschheit im ganzen ist. Auch die Menschheitsfamilie, die heute durch das Phänomen der Globalisierung noch enger vereint ist, braucht außer einem Fundament an gemeinsam anerkannten Werten eine Wirtschaft, die wirklich den Erfordernissen eines Allgemeinwohls in weltweiten Dimensionen gerecht wird. Die Bezugnahme auf die natürliche Familie erweist sich auch unter diesem Gesichtspunkt als besonders aufschlußreich. Zwischen den einzelnen Menschen und unter den Völkern müssen korrekte und ehrliche Beziehungen gefördert werden, die allen die Möglichkeit geben, auf einer Basis der Parität und der Gerechtigkeit zusammenzuarbeiten. Zugleich muß man sich um eine kluge Nutzung der Ressourcen und um eine gerechte Verteilung der Güter bemühen. Im besonderen müssen die den armen Ländern gewährten Hilfen den Kriterien einer gesunden wirtschaftlichen Logik entsprechen, indem Verschwendungen vermieden werden, die letztlich vor allem der Erhaltung kostspieliger bürokratischer Apparate dienen. Ebenfalls gebührend zu berücksichtigen ist der moralische Anspruch, dafür zu sorgen, daß die wirtschaftliche Organisation nicht nur den strengen Gesetzen des schnellen Profits entspricht, die sich als unmenschlich erweisen können.

Familie, menschliche Gemeinschaft und Sittengesetz

Eine Familie lebt im Frieden, wenn alle ihre Glieder sich einer gemeinsamen Richtlinie unterwerfen: Diese muß dem egoistischen Individualismus wehren und die einzelnen zusammenhalten, indem sie ihre harmonische Koexistenz und ihren zielgerichteten Fleiß fördert. Das in sich schlüssige Prinzip gilt auch für die größeren Gemeinschaften, von den lokalen über die nationalen bis hin zur internationalen Gemeinschaft.

Um Frieden zu haben, bedarf es eines gemeinsamen Gesetzes, das der Freiheit hilft, wirklich sie selbst zu sein und nicht blinde Willkür, und das den Schwachen vor Übergriffen des Stärkeren schützt. In der Völkerfamilie ist viel willkürliches Verhalten zu verzeichnen, sowohl innerhalb der einzelnen Staaten als auch in den Beziehungen der Staaten untereinander. Dazu gibt es zahlreiche Situationen, in denen der Schwache sich nicht etwa den Erfordernissen der Gerechtigkeit beugen muß, sondern der unverhohlenen Kraft dessen, der über mehr Mittel verfügt als er. Es ist nötig, dies noch einmal zu bekräftigen: Die Macht muß immer durch das Gesetz gezügelt werden, und das hat auch in den Beziehungen zwischen souveränen Staaten zu geschehen.

Die Rechtsnorm, welche die Beziehungen der Menschen untereinander regelt, indem sie das äußere Verhalten diszipliniert und auch Strafen für die Übertreter vorsieht, hat als Kriterium das auf der Natur der Dinge beruhende Sittengesetz. (...) Gibt es Rechtsnormen für die Beziehungen zwischen den Nationen, welche die Menschheitsfamilie bilden? Und wenn es sie gibt, sind sie wirksam? Die Antwort lautet: Ja, die Gesetze existieren, doch um zu erreichen, daß sie tatsächlich wirksam werden, muß man auf das natürliche Sittengesetz als Basis der Rechtsnorm zurückgehen, andernfalls ist diese anfälligen und provisorischen Übereinkommen überlassen.

Die Sendung der christlichen Familien heute

Wir brauchen Familien, die sich nicht von modernen, an Hedonismus und Relativismus orientierten kulturellen Strömungen mitreißen lassen und die bereit sind, ihre Sendung in der Kirche und in der Gesellschaft mit großherziger Hingabe zu erfüllen.

Im Apostolischen Schreiben *Familiaris consortio* hielt der Diener Gottes Johannes Paul II. fest: „Das Sakrament der Ehe … macht die christlichen Gatten und Eltern zu Zeugen Christi ‚bis an die Grenzen der Erde‘, zu wahren ‚Missionaren‘ der Liebe und des Lebens" (Nr. 54). Diese Sendung ist sowohl auf das Innere der Familie ausgerichtet – vor allem im gegenseitigen Dienen und in der Erziehung der Kinder – als auch nach außen, denn die häusliche Gemeinschaft ist aufgerufen, Zeichen der Liebe Gottes zu allen Menschen zu sein. Die christliche Familie kann diese Sendung jedoch nur dann erfüllen, wenn sie von der Gnade Gottes gestützt wird. Dafür ist es notwendig, ohne Unterlaß zu beten und im täglichen Bemühen auszuharren, den am Tag der Eheschließung übernommenen Verpflichtungen treu zu bleiben.

Gebet zur Gottesmutter von Loreto für Familien

Maria, Mutter des „Ja", du hast auf Jesus gehört
und kennst den Klang seiner Stimme und den Schlag seines Herzens.
Du Morgenstern, sprich zu uns über Ihn,
und erzähle uns, wie du Ihm auf dem Weg des Glaubens nachfolgst.
Maria, die du in Nazareth mit Jesus zusammengewohnt hast,
präge unserem Leben deine Gefühle ein,
deine Fügsamkeit, dein Schweigen, das zuhört
und das Wort in wahrhaft freien Entscheidungen zum Erblühen bringt.
Maria, erzähle uns von Jesus, damit die Frische unseres Glaubens
in unseren Augen erstrahle und die Herzen jener erwärme,
die uns begegnen, wie du es beim Besuch bei Elisabeth getan hast,
die sich in hohem Alter mit dir über das Geschenk des Lebens gefreut hat.
Maria, Jungfrau des „Magnifikat",
hilf uns, die Freude in die Welt zu bringen, und ermutige wie in Kana
alle jungen Menschen, die sich im Dienst an den Brüdern engagieren,
nur das zu tun, was Jesus sagt.
Maria, richte deinen Blick auf die Agora der Jugendlichen,
damit sie zu einem fruchtbaren Boden der (...) Kirche werde.
Bitte dafür, daß Jesus, der gestorben und auferstanden ist,
in uns neu geboren wird
und uns verwandle in einer Nacht voller Licht, die erfüllt ist von Ihm.
Maria, Gottesmutter von Loreto, du Pforte des Himmels,
hilf uns, den Blick nach oben zu richten.
Wir wollen Jesus sehen. Mit ihm sprechen.
Allen seine Liebe verkünden.

VERZEICHNIS DER TEXTE

BILDNACHWEISE

picture alliance/ dpa: 31, 38

Grzegorz Galzaka: 27, 96, 139

KNA-Bild: S. 7, 11, 19, 40, 42, 44, 51, 53, 55, 59, 63, 67, 69, 71, 77, 81, 83, 85, 89, 91, 93, 99, 101, 103, 109, 111, 113, 116, 119, 123, 125, 129, 131, 135, 141, 143, 147, 151, 154

REUTERS/KNA-Bild: 15, 47, 115, 149

L'Osservatore Romano: 24, 49

MEV: 17, 33, 34, 61

SUV/Fuchs: 75, 105

UNSERE FAMILIE

Chronik der Familie

Ehemann

Name _____

geboren am _____ in _____

getauft am _____ in _____

Taufpaten _____

Ehefrau

Name _____

geboren am _____ in _____

getauft am _____ in _____

Taufpaten _____

Wir haben uns vermählt

am _____

in der _____ -Kirche _____

in _____

von Pfarrer _____

Unsere Trauzeugen

_____

_____

Eltern und Großeltern des Ehemannes
Eltern des Ehemannes

Vater _____

geboren am _____ in _____

Mutter _____

geboren am _____ in _____

getraut am _____ in _____

Großeltern des Ehemannes

Großvater _____

geboren am _____ in _____

Großmutter _____

geboren am _____ in _____

getraut am _____ in _____

Großvater _____

geboren am _____ in _____

Großmutter _____

geboren am _____ in _____

getraut am _____ in _____

Eltern und Großeltern der Ehefrau
Eltern der Ehefrau

Vater _____

geboren am _____ in _____

Mutter _____

geboren am _____ in _____

getraut am _____ in _____

Großeltern der Ehefrau

Großvater _____

geboren am _____ in _____

Großmutter _____

geboren am _____ in _____

getraut am _____ in _____

Großvater _____

geboren am _____ in _____

Großmutter _____

geboren am _____ in _____

getraut am _____ in _____

Kind

Name _____

geboren am _____ in _____

getauft am _____ in _____

von _____

Taufpaten _____

Kommunion / Konfirmation / Firmung _____

_____

_____

_____

getraut am _____ in _____

mit _____

geboren am _____ in _____

Enkel

_____

_____

_____

Kind

Name _____

geboren am _____ in _____

getauft am _____ in _____

von _____

Taufpaten _____

Kommunion / Konfirmation / Firmung _____

_____

_____

_____

getraut am _____ in _____

mit _____

geboren am _____ in _____

Enkel

_____

_____

_____

Verstorbene

Name _____

geboren am _____ in _____

im Alter von _____ Jahren _____ am _____

Name _____

geboren am _____ in _____

im Alter von _____ Jahren _____ am _____

Name _____

geboren am _____ in _____

im Alter von _____ Jahren _____ am _____

Name _____

geboren am _____ in _____

im Alter von _____ Jahren _____ am _____

Name _____

geboren am _____ in _____

im Alter von _____ Jahren _____ am _____

Name _____

geboren am _____ in _____

im Alter von _____ Jahren _____ am _____

Jubiläen und Gedenktage der Familie

Kuchen + Tartes + Torten + Kleingebäck + Plätzchen + Herzhaftes

BACKEN

DAS BUCH

Mehr als 100 Rezepte mit Wow-Effekt – für Einsteiger und Könner